もくじ

教科書ぴったりトレーニング

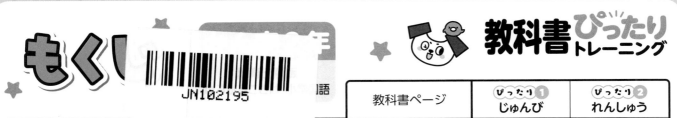

ぴったり1 じゅんび

つづけて みよう ——日記

きょうかしょ 上10〜11ページ

☆ あたらしく 学しゅうする 漢字《かん》

書　記　活　曜　朝　友

書

つき出す　ながく

よみかた
ショ
かく

つかいかた
図書室《としょしつ》
読書《どくしょ》を する
文字《もじ》を 書《か》く

ちゅうい
「書く」は、字を かく ことです。「絵《え》を 書く」と 書かないように しましょう。

▼なぞりましょう ▼書きじゅん ▼おぼえましょう きょうかしょ上 10 ページ

書きじゅん：1 2 3 4 5 6 7 8 9 10

書　ひらび いわく

10かく

文を書く
書きぞめ
書きとり
書きおろし

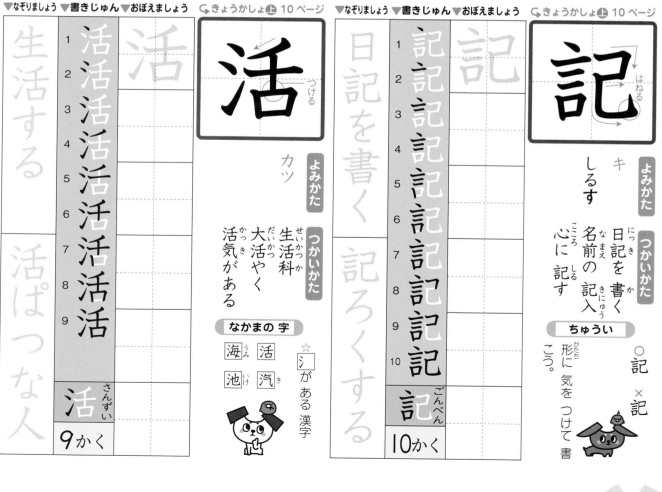

記

はねる

よみかた
キ
しるす

つかいかた
日記《にっき》を 書《か》く
名前《なまえ》の 記入《きにゅう》
心《こころ》に 記《しる》す

ちゅうい
○記　×記
形《かたち》に 気を つけて 書こう。

▼なぞりましょう ▼書きじゅん ▼おぼえましょう きょうかしょ上 10 ページ

書きじゅん：1 2 3 4 5 6 7 8 9 10

記　ごんべん

10かく

日記を書く
記ろくする

活

つける

よみかた
カツ

つかいかた
生活科《せいかつか》
大活《だいかつ》やく
活気《かっき》が ある

なかまの 字
海《うみ》　活
池《いけ》　汽《き》
☆氵が ある 漢字

▼なぞりましょう ▼書きじゅん ▼おぼえましょう きょうかしょ上 10 ページ

書きじゅん：1 2 3 4 5 6 7 8 9

活　さんずい

9かく

生活する
活ぱつな人

▼なぞりましょう ▼書きじゅん ▼おぼえましょう ↻きょうかしょ上 10ページ

なぞり	書きじゅん	おぼえ
朝がきた / 朝ごはん	1 一 2 十 3 吉 4 吉 5 吉 6 直 7 卓 8 朝 9 朝 10 朝 11,12 朝 朝 / 朝つき / 12かく	朝

朝
はらう はねる

よみかた チョウ / あさ

つかいかた
朝食（ちょうしょく）
朝日（あさひ）が さす
朝（あさ）の 空気（くうき）

はんたいの 字
夕　朝

▼なぞりましょう ▼書きじゅん ▼おぼえましょう ↻きょうかしょ上 10ページ

なぞり	書きじゅん	おぼえ
月曜日 / 曜日を書く	1~4 日 5 日 6 日 7 日 8~10 曜 11,12 曜 13 曜 14 曜 15 曜 16 曜 17,18 曜 / 日曜ひへん / 18かく	曜

曜
わすれないで / みじかく

よみかた ヨウ

つかいかた
曜日（ようび）
日曜（にちよう）
水曜日（すいようび）

ちゅうい
かくすうが 十八かく
も あるね。ていねい
に 書こう。

▼なぞりましょう ▼書きじゅん ▼おぼえましょう ↻きょうかしょ上 11ページ

なぞり	書きじゅん	おぼえ
友だち / したしい友	1 友 2 友 3 友 4 友 / 友また / 4かく	友

友
はらう

よみかた ユウ / とも

つかいかた
友人（ゆうじん）が 多（おお）い
親友（しんゆう）に なる
友（とも）だち

かたちの にた 字
左　友

ちがいは どこかな？

二年生では、160この
漢字を 学しゅうします。
しっかり おぼえて
いきましょう。

月　日

ぴったり れんしゅう 2

つづけて みよう ——日記

1 漢《かん》字を よみましょう。

①（　　）文しょうを 書く。

②（　　）朝日が さして いる。

③（　　）金曜が くる。

④（　　）本の 書名。

⑤（　　）朝しょくを とる。

⑥（　　）火曜の よてい。

⑦（　　）書きものを する。

2 □に 漢字を 書きましょう。

① □《にっ》□《き》を つける。

② まいにちの □《せい》□《かつ》。

③ □《とも》だちと あそぶ。

④ おもいを □《しる》す。

⑤ □《かっ》□《き》が ある クラス。

⑥ □《ゆう》□《じん》と はなす。

⑦ 名まえを □《き》□《にゅう》する。

⑧ □《かつ》□《りょく》が みなぎる。

⑨ 二人の □《ゆう》じょう。

⑩ □《き》ろくを のばす。

⑪ □《かつ》やくを 見せる。

⑫ ぼくの しん□《ゆう》。

きょうかしょ 上10～11ページ
こたえ 2ページ

月　　日

ぴったり1

じゅんび

はるねこ

きょうかしょ
上16〜26ページ

☆ あたらしく 学しゅうする 漢字

通　色　思　今　声　何　言　読

やって みましょう！

通

きょうかしょ上 16ページ

通（つき出す／ひとふでで 書く）

よみかた

ツウ
とおる
とおす
かよう
◆ツ

つかいかた

右《みぎ》がわ通行《つうこう》
大通《おおどお》り
学校《がっこう》に 通《かよ》う

い　み

「通」は、「一通、二通…」と、手紙《がみ》などを数《かぞ》えるのにもつかうね。

▼書きじゅん▼おぼえましょう

1 2 3 4 5 6 7 8 9 10
通（しんにょう／しんにゅう）
10かく

▼なぞりましょう

通学する
こう通じこ
通こうどめ
通ほうする

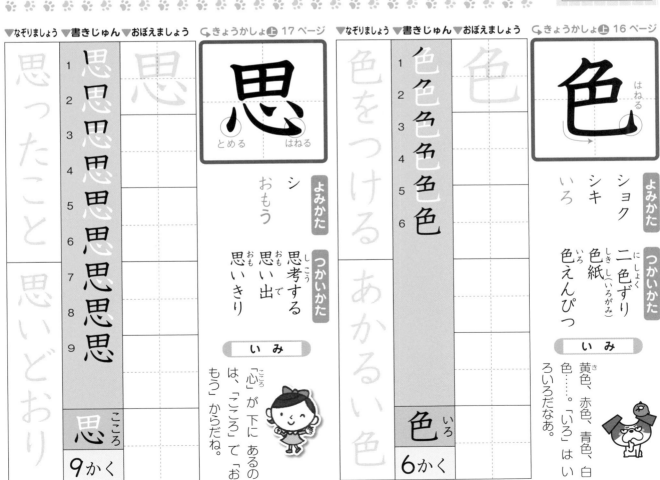

色

きょうかしょ上 16ページ

色（はねる）

よみかた

ショク
シキ
いろ

つかいかた

二色《にしょく》ずり
色紙《しきし》（いろがみ）
色《いろ》えんぴつ

い　み

黄《き》色、赤色、青色、白色……。「いろ」は いろいろだなあ。

▼書きじゅん▼おぼえましょう

1 2 3 4 5 6
色（いろ）
6かく

▼なぞりましょう

色をつける
あかるい色

思

きょうかしょ上 17ページ

思（とめる／はねる）

よみかた

シ
おもう

つかいかた

思考《しこう》する
思《おも》い出《で》
思《おも》いきり

い　み

「心《こころ》」が 下に あるのは、「こころ」で「おもう」からだね。

▼書きじゅん▼おぼえましょう

1 2 3 4 5 6 7 8 9
思（こころ）
9かく

▼なぞりましょう

思ったこと
思いどおり

月　日

▼なぞりましょう ▼書きじゅん ▼おぼえましょう
きょうかしょ（上）17 ページ

今

つける　はらう　はらう

よみかた
コン
いま
◆キン

つかいかた
今月《こんげつ》
今《いま》まで
今《いま》と むかし

かたちの にた 字
今　合《あ》う

ちがいは どこかな？

書きじゅん 1〜4

今 ひとやね ひとがしら
4かく

今まで
たった今

▼なぞりましょう ▼書きじゅん ▼おぼえましょう
きょうかしょ（上）18 ページ

声

上を ながく　はらう

よみかた
セイ
こえ
◆ショウ
◆こわ

つかいかた
かん声《せい》
声《こえ》が 小《ち》さい
大声《おおごえ》で 話《はな》す

ちゅうい
○声　×声（上を短く書いた字）
形《かたち》に 気を つけて 書こう。

書きじゅん 1〜7

声 さむらい
7かく

声をかける
さけび声

▼なぞりましょう ▼書きじゅん ▼おぼえましょう
きょうかしょ（上）19 ページ

何

出す　はねる

よみかた
なに
なん
◆カ

つかいかた
何《なに》か ある
何回《なんかい》も 言《い》う
何時《なんじ》ですか

できかた
人が にもつを かつぐ 形《かたち》から できた。

何

書きじゅん 1〜7

何 にんべん
7かく

何かたべる
何もない

▼なぞりましょう ▼書きじゅん ▼おぼえましょう
きょうかしょ（上）19 ページ

言

ながく

よみかた
ゲン
ゴン
いう
こと

つかいかた
言語《げんご》・無言《むごん》
ものを 言《い》う
言葉《ことば》

ちゅうい
○言《い》う　×言《ゆ》う
読《よ》みがなを つけると き、気を つけてね。

書きじゅん 1〜7

言 げん
7かく

ものを言う
言いかえす

▼なぞりましょう ▼書きじゅん ▼おぼえましょう ↪きょうかしょ上 26 ページ

読

上を ながく
はらう はねる

| 読みかた | よむ | トウ | トク | ドク |

| つかいかた |
| 読書・読本 |
| 句読点 |
| 本を 読む |

くみに なる 字

書く 読む

本を読む | 読みかた | 読みもの

| 1 2 34 5〜7 8 9 10 11 12 13 14 | 読読読読言言言言言言言読 |
| 読 ごんべん |
| 14かく |

はねや はらいに 気を つけて 書けたかな。

漢字 クイズ 1

こたえ14ページ

「曜」と いう 字が 出て きたので、一しゅう かんの 曜日の 漢字を こたえましょう。

一しゅうかんの 曜日

日 → ① → 火 → ② → 木 → ③ → 土 → 日

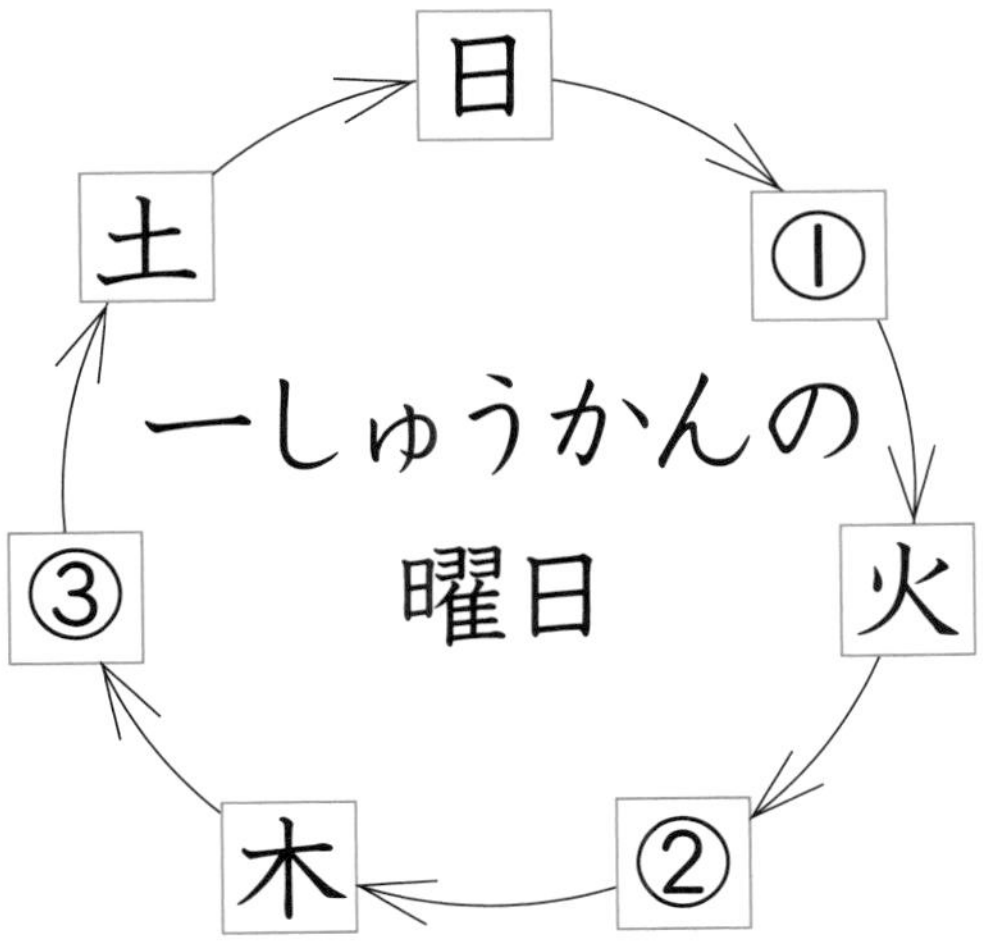

①②③には、どんな 漢字が 入りますか？

① □
② □
③ □

上の 図から、こたえられますか？

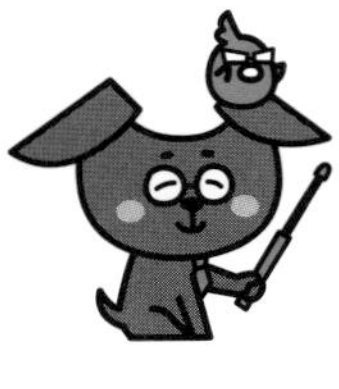

ぴったり2 れんしゅう

はるねこ

月　　日

1 漢《かん》字を 読みましょう。

① うれしく 思う。（　　）

② 今にも 雨が ふりそうだ。（　　）

③ 何か のみますか。（　　）

④ りょこうの 思い出。（　　）

⑤ 今月の 土曜日。（　　）

⑥ 何日も たつ。（　　）

⑦ 思いどおりに なる。（　　）

2 □に 漢字を 書きましょう。

① バスで □《つう》□《がく》 する。

② □《あか》□《いろ》の リボン。

③ □《こえ》が きこえる。

④ いけんを □《い》う。

⑤ □《よ》みかたを きく。

⑥ まん中を □《とお》る。

⑦ □《さん》□《しょく》 べんとう。

⑧ □《おお》□《ごえ》で さけぶ。

⑨ もんくを □《い》う。

⑩ □《どく》□《しょ》を たのしむ。

⑪ じゅくに □《かよ》う。

⑫ まんがを □《よ》む。

きょうかしょ 上16～26ページ
こたえ 2ページ

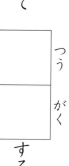

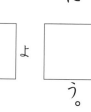

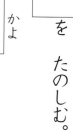

ひろい 公園

きょうかしょ 上32〜36ページ

あたらしく 学しゅうする 漢字

公 園 聞 話 汽 星 同

月　　日

公

きょうかしょ上 32ページ

あける
とめる

読みかた
コウ
◆おおやけ

つかいかた
公園《こうえん》
公平《こうへい》
公表《こうひょう》する

できかた
八(ひらく)と厶(くち)で、入り口をあけて中を見せる いみの字。

書きじゅん：1 2 3 4

公 はち　4かく

おぼえましょう

なぞりましょう
公園の草花
公正な人
ふ公へいだ
公立の学校

園

きょうかしょ上 32ページ

下を ながく
とめる

読みかた
エン
◆その

つかいかた
公園《こうえん》へ 行《い》く
どうぶつ園《えん》
ようち園《えん》

い み
園や国《くに》の囗(くに がまえ)は、かこいを あらわすよ。

書きじゅん：1 2 3 4 5 6 7 8 9 10 11 12 13

囗 くにがまえ　13かく

おぼえましょう

なぞりましょう
園ちょう
ゆう園ち

聞

きょうかしょ上 34ページ

とめる　はねる

読みかた
ブン
きく
きこえる
◆モン

つかいかた
新聞《しんぶん》を 読《よ》む
話《はなし》を 聞《き》く
聞《き》こえる

い み
「耳」が 中に あるのは、「耳」で「きく」からなんだ。

書きじゅん：1 2 3 4 5 6 7 8 9 10 11 12 13 14

耳 みみ　14かく

おぼえましょう

なぞりましょう
耳で聞く
聞きとる

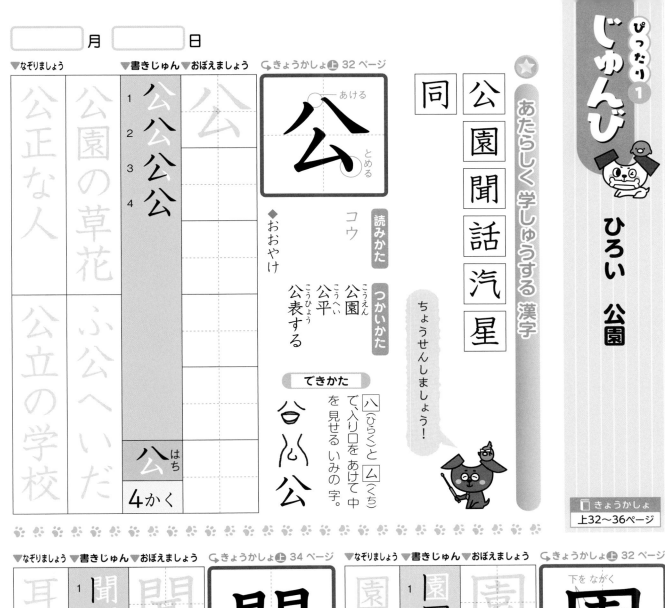

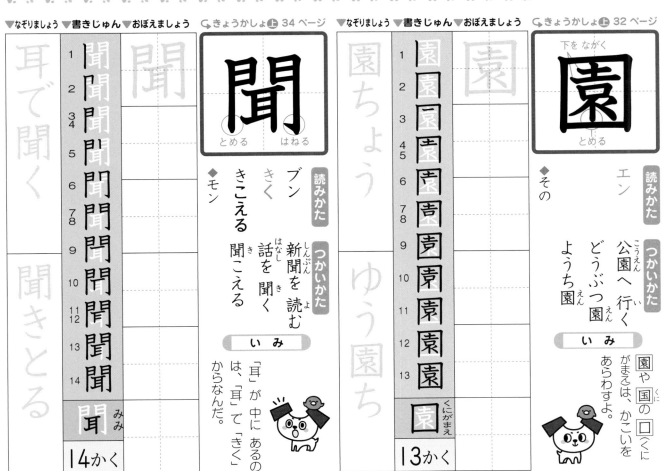

月　日

話

▼なぞりましょう ▼書きじゅん ▼おぼえましょう

きょうかしょ㊤ 34 ページ

話（やや ながく）

読みかた
ワ
はなす
はなし

つかいかた
会《かい》話《わ》する
電《でん》話《わ》で 話《はな》す
むかし話《ばなし》

くみに なる 字
話す　聞く

書きじゅん：1 2 3 4 5 6 7 8 9 10 11 12 13　話

話 ごんべん

13かく

人と話す
話しあい

汽

▼なぞりましょう ▼書きじゅん ▼おぼえましょう

きょうかしょ㊤ 34 ページ

汽（はねる）

読みかた
キ

つかいかた
汽車《きしゃ》に のる
汽船《きせん》
船《ふね》の 汽《き》てき

かたちの にた 字
汽　気

ちがいは どこかな？

書きじゅん：1 2 3 4 5 6 7　汽

汽 さんずい

7かく

汽車を見る
汽てきの音

星

▼なぞりましょう ▼書きじゅん ▼おぼえましょう

きょうかしょ㊤ 34 ページ

星（つき出す／ながく）

読みかた
セイ
ほし
◆ショウ

つかいかた
火星《かせい》と 水星《すいせい》
ながれ星《ぼし》
星空《ほしぞら》を 見《み》る

でき方
きらめく ほしと、草の め の 形《かたち》から できた。

書きじゅん：1 2 3 4 5 6 7 8 9　星

星 ひ

9かく

きらめく星
くろ星がつく

同

▼なぞりましょう ▼書きじゅん ▼おぼえましょう

きょうかしょ㊤ 36 ページ

同（とめる／はねる）

読みかた
ドウ
おなじ

つかいかた
同級生《どうきゅうせい》
同点《どうてん》に なる
同《おな》じ 考《かんが》え

ちゅうい
○同　×同
形に 気を つけて 書こう。

書きじゅん：1 2 3 4 5 6　同

同 くち

6かく

同じ色
同じ大きさ

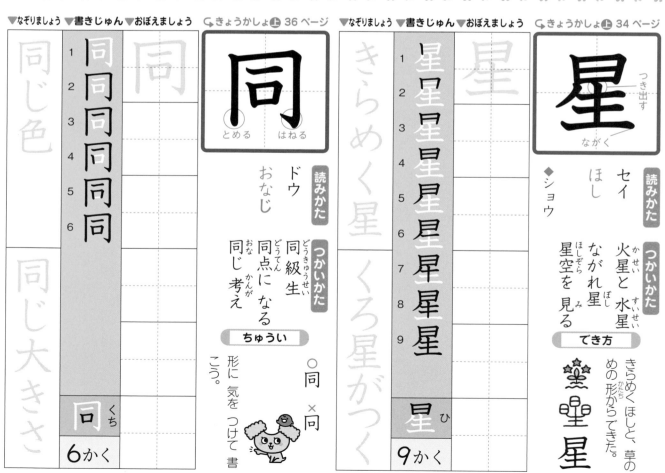

月　日

ぴったり2
れんしゅう

ひろい 公園

1 漢《かん》字を 読みましょう。

① うわさ 話。（　）

② 汽車 が はしる。（　）

③ きのうと 同 じ ふく。（　）

④ 通話 を する。（　）

⑤ ふねの 汽 てきが ひびく。（　）

⑥ 同 きゅう生。（　）

⑦ おかあさんと 話 す。（　）

2 □に 漢字を 書きましょう。

① □《こう》□《えん》に あつまる。

② 足音が □《き》こえる。

③ □《ほし》が かがやく。

④ □《こう》へいに 見る。

⑤ ようち□《えん》に 通う。

⑥ 話を □《き》く。

⑦ ふゆの □《せい》ざ。

⑧ □《こう》立の 学校。

⑨ どうぶつ□《えん》に いく。

⑩ なき声が □《き》こえる。

⑪ 一ばん□《ぼし》に いのる。

⑫ □《こう》しきの はっぴょう。

きょうかしょ 上32〜36ページ
こたえ 2ページ

月　　日

回文を たのしもう 画と 書きじゅん

きょうかしょ 上37〜39ページ

あたらしく 学しゅうする 漢字《かん》

回　画　会　線　数　点　馬　方　工　羽

きょうかしょ上 37 ページ

回

さいごに 書く

読みかた
カイ
まわる
まわす
◆エ

つかいかた
回《かい》らんする
目《め》が 回《まわ》る
こまを 回《まわ》す

できかた
ぐるぐる 回る うずまきの 形《かたち》から できた。

▼書きじゅん▼おぼえましょう

1 回 2 回 3 回 4 回 5 回 6 回

回 くにがまえ　6画

▼なぞりましょう

三回ころぶ
回そうする
回ふくする
回らんばん

きょうかしょ上 38 ページ

画

出さない

読みかた
ガ
カク

つかいかた
画用紙《がようし》
計画《けいかく》が 立《た》つ
字《じ》の 画数《かくすう》

ちゅうい
○画　×画
形《かたち》に 気を つけて 書こう。

▼書きじゅん▼おぼえましょう

1 画 2 画 3 画 4 画 5 画 6 画 7 画 8 画

田 た　8画

▼なぞりましょう

三画のかん字
画を数える

きょうかしょ上 38 ページ

会

つける
とめる

読みかた
カイ
あう
◆エ

つかいかた
音楽会《おんがくかい》
会話《かいわ》する
友人《ゆうじん》に 会《あ》う

いみ
①であう「人と 会う」「会話」
②あつまり「音楽会」「うんどう会」

▼書きじゅん▼おぼえましょう

1 会 2 会 3 会 4 会 5 会 6 会

会 ひとやね　6画

▼なぞりましょう

学きゅう会
えんそう会

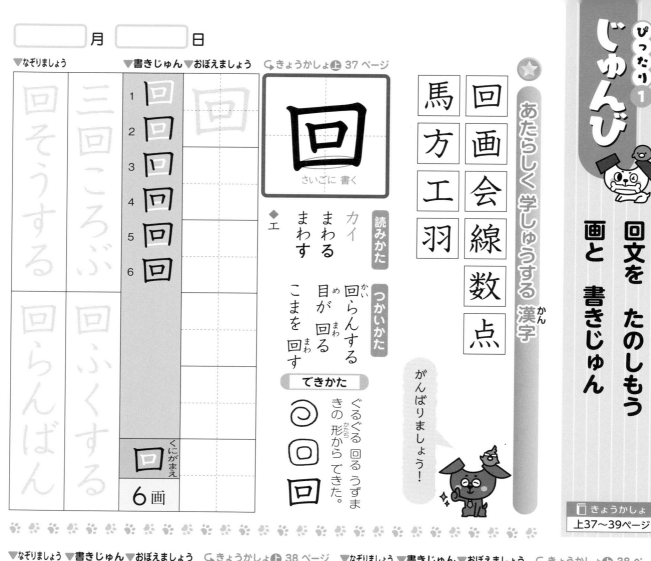

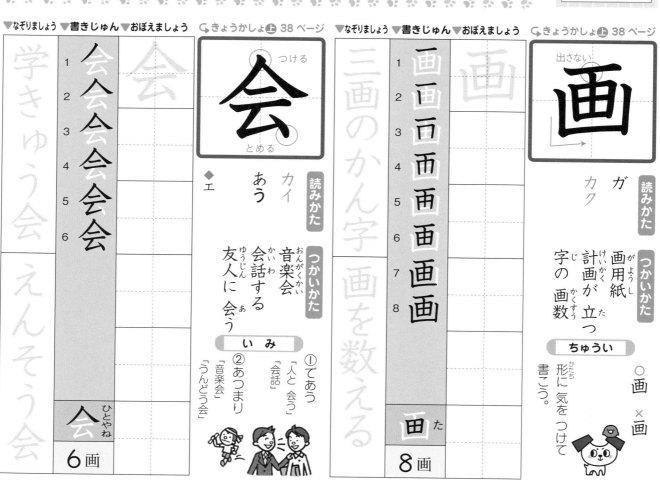

月　　日

▼なぞりましょう　▼書きじゅん　▼おぼえましょう　きょうかしょ㊤38ページ

線

とめる　はねる

読みかた
セン

つかいかた
線《せん》を ひく
光線《こうせん》
水平線《すいへいせん》

いみ
糸（いとへん）が あるのは、「せん」が 糸のように 細《ほそ》く つづく ものだから。

書きじゅん：1 2 3 4 5 6 7 8 9 10 11 12 13 14 15

いとへん　15画

なぞりましょう：線をひく　ほそい線

▼なぞりましょう　▼書きじゅん　▼おぼえましょう　きょうかしょ㊤38ページ

数

つけない　はらう

読みかた
スウ
かず
かぞえる
◆ス

つかいかた
算数《さんすう》
数《かず》すくない
数《かず》を 数《かぞ》える

かたちの にた 字

数える　教《おし》える

ちがいは どこかな？

書きじゅん：1 2 3 4 5 6 7 8 9 10 11 12 13

ぼくづくり　のぶん　13画

なぞりましょう：数を数える　数えうた

▼なぞりましょう　▼書きじゅん　▼おぼえましょう　きょうかしょ㊤38ページ

点

むきに ちゅうい

読みかた
テン

つかいかた
点《てん》を つける
百点《ひゃくてん》まん点《てん》
点線《てんせん》

かたちの にた 字
点と店も 占が 同じで、どちらも「テン」と 読みます。

書きじゅん：1 2 3 4 5 6 7 8 9

れっか　れんが　9画

なぞりましょう：点とまる　点をとる

▼なぞりましょう　▼書きじゅん　▼おぼえましょう　きょうかしょ㊤38ページ

馬

はねる　むきに ちゅうい

読みかた
バ
うま
ま

つかいかた
馬車《ばしゃ》が 走《はし》る
馬《うま》に のる
群馬県《ぐんまけん》

できかた
たてがみの ある、うまの 形《かたち》から できた。

書きじゅん：1 2 3 4 5 6 7 8 9 10

うま　10画

なぞりましょう：馬がはしる　馬があう

月　日

▼なぞりましょう ▼書きじゅん ▼おぼえましょう　きょうかしょ㊤ 39 ページ

方

はらう　はねる

読み方
ホウ
かた

つかい方
南《みなみ》の 方角《ほうがく》
字《じ》の 読《よ》み方《かた》
夕方《ゆうがた》に なる

かたちの にた 字
万《まん》　方

ちがいは どこかな？

1 方　2 方　3 方　4 方

方《ほう》

4画

字の書き方

夕方になる

▼なぞりましょう ▼書きじゅん ▼おぼえましょう　きょうかしょ㊤ 39 ページ

工

出さない　ながく

読み方
コウ
ク

つかい方
図工《ずこう》の 時間《じかん》
ガラス工場《こうじょう》
大工《だいく》さん

かたちの にた 字
土　工

ちがいは どこかな？

1 工　2 工　3 工

たくみ 工《え》

3画

工ばの見学

人工ちのう

▼なぞりましょう ▼書きじゅん ▼おぼえましょう　きょうかしょ㊤ 39 ページ

羽

むきに ちゅうい　はねる

読み方
は
はね
◆ウ

つかい方
羽根《はね》つき
三羽《さんば》の 鳥《とり》
三羽《さんわ》の 鳥
カラスの 羽《はね》

でき方

二まいの とりの はねの かたちから できた。

1 羽　2 羽　3 羽　4 羽　5 羽　6 羽

羽《はね》

6画

とんぼの羽

羽が生える

漢字《かん》クイズ 2

なぞなぞを 出すよ。
よく 考《かんが》えて 答《こた》えよう。

「お昼《ひる》のハムサンド、どこで食《た》べようか？」

園

こたえ 14 ページ

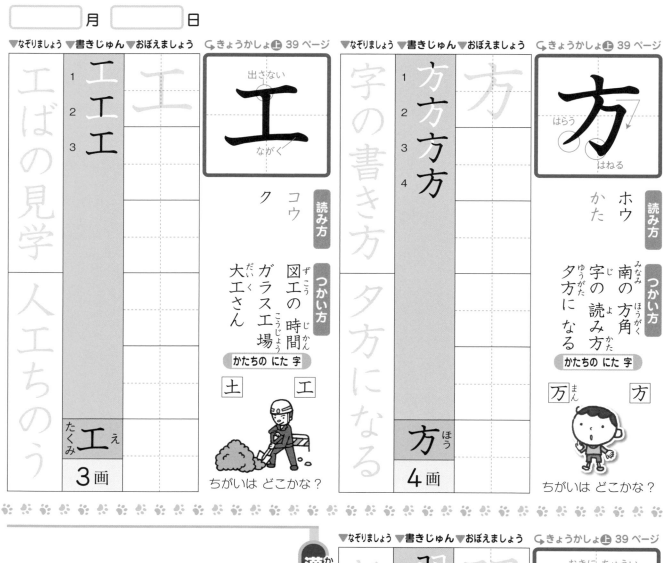

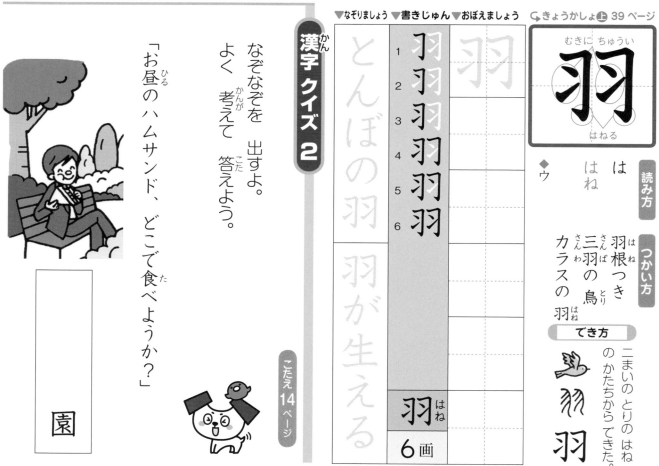

月　日

ぴったり2
れんしゅう

回文を たのしもう
画と 書きじゅん

きょうかしょ
上37〜39ページ
こたえ
2ページ

1 漢字を 読みましょう。

①（　）二回 ジャンプする。
②（　）けい画 を ねる。
③（　）会社《しゃ》 に 行く。
④（　）まっすぐな 線。
⑤（　）十まで 数 える。
⑥（　）画 ようしに 書く。
⑦（　）友だちに 会 う。

2 □に 漢字を 書きましょう。

① 百□《てん》を とる。
② □《うま》を はしらせる。
③ 漢字の おぼえ□《かた》。
④ □《じん》□《こう》ちのう。
⑤ からすの □《はね》。
⑥ □《てん》□《じ》の 本。
⑦ □《はく》□《ば》に のる。
⑧ □《ほう》こうを かえる。
⑨ わかい □《だい》□《く》さん。
⑩ □《は》ばたきを する。
⑪ かわいい □《こ》□《うま》。
⑫ 正しい 読み□《かた》。

回文を たのしもう
画と 書きじゅん

きょうかしょ 上37～39ページ
こたえ 3ページ

月　　日

1 漢字《かん》を 読みましょう。

① 百点まん点。（　　）
② 馬を のりこなす。（　　）
③ 夕方の よてい。（　　）
④ 工じょうの しごと。（　　）
⑤ 羽を 休める。（　　）
⑥ かぼちゃの 馬車。（　　）
⑦ 一方通こう。（　　）

2 □に 漢字を 書きましょう。

① □《よん》□《かい》□《め》で できる。
② 白い □《が》ようし。
③ □《かい》□《わ》を する。
④ ながい □《せん》を ひく。
⑤ 百まで □《かぞ》える。
⑥ くるくる □《まわ》る。
⑦ 漢字の □《かく》□《すう》。
⑧ 友だちと □《あ》う。
⑨ ふとい □《せん》。
⑩ □《すう》□《がく》の べんきょう。
⑪ こまを □《まわ》す。
⑫ 星の □《かず》。

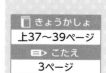

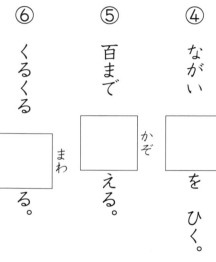

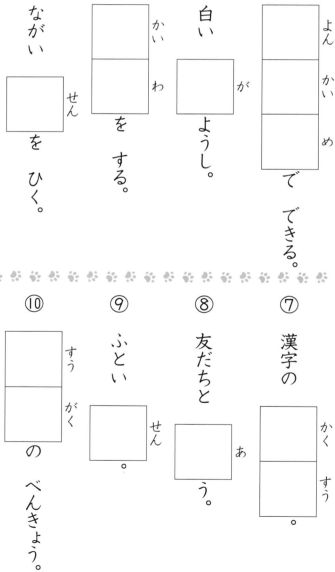

月　日

ぴったり2 れんしゅう

一年生で 学んだ 漢字①

1 漢字を 読みましょう。

① （　　）入学しきに 出る。

② （　　）学校まで あるいて いく。

③ （　　）貝がらを ひろう。

④ （　　）虫かごを もつ。

⑤ （　　）石ころを ひろう。

⑥ （　　）正しい こたえ。

⑦ （　　）月が かがやく。

2 □に 漢字を 書きましょう。

① □《いち》□《ねん》□《せい》に なる。

② □《な》まえを 書く。

③ □《せん》□《せい》に 話す。

④ □《ひ》を つける。

⑤ □《かわ》で あそぶ。

⑥ □《みず》を くむ。

⑦ 大きな □《き》。

⑧ まっすぐ □《た》つ。

⑨ □《つち》を たがやす。

⑩ しゃぼん □《だま》。

⑪ はりと □《いと》。

⑫ □《しろ》い ゆき。

きょうかしょ 上40ページ
こたえ 3ページ

すみれと あり
かんさつ発見カード

📖 きょうかしょ
上42～51ページ

| | 月 | | 日 |

あたらしく 学しゅうする 漢字

★
おぼえましょう！

分外形黄
春道高近地自

春

ここで つける
ながく

読み方 シュン / はる

つかい方
青春 せいしゅん
春風が ふく はるかぜ
春の 花 はる はな

はんたいの 字
秋 あき ／ 春 はる

▼なぞりましょう ▼書きじゅん ▼おぼえましょう　📖きょうかしょ 上 42 ページ

春の空
春になる
春の一日
ことしの春

書きじゅん：
1 2 3 4 5 6 7 8 9
一二三夫夫春春春春

春 ひ
9画

▼なぞりましょう ▼書きじゅん ▼おぼえましょう　📖きょうかしょ 上 42 ページ

高

とめる / はねる

読み方
コウ
たかい
たか
たかまる
たかめる

つかい方
高原の あさ こうげん
せいが 高い たか
高まる たか

でき方
高高高
たかい ところに たっ
ている いえの かたち
からできた。

高いねだん
高さくらべ

書きじゅん：
1 2 3 4 5 6 7 8 9 10
一高高高高高高高高高

高 たかい
10画

▼なぞりましょう ▼書きじゅん ▼おぼえましょう　📖きょうかしょ 上 42 ページ

道

ながめに / ひとふでで 書く

読み方
ドウ
みち
◆トウ

つかい方
水道の 水 すいどう みず
道に まよう みち
近道する ちかみち

いみ
道や 通の 辶（しん
にょう）は、「歩くこと」、
「行くこと」をあらわ
す。

道をあるく
さか道

書きじゅん：
1 2 3 4 5 6 7 8 9 10 11 12
道道道道道道道道道道

道 しんにょう
12画

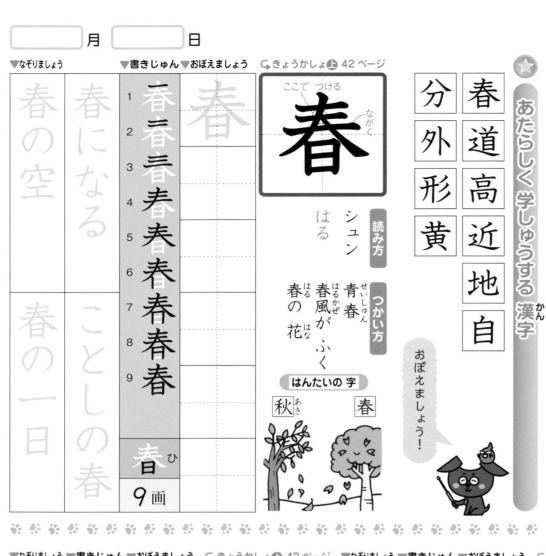

月 日

▼なぞりましょう ▼書きじゅん ▼おぼえましょう

きょうかしょ上 43 ページ

地

ながめに　はねる

書きじゅん：1 地　2 地　3 地　4 地　5 地　6 地

地　つちへん

6画

なぞりましょう：地めん　地しん

読み方

チ

ジ

つかい方

地図《ちず》を 見《み》る

地《ち》きゅう

地面《じめん》を ほる

くみに なる 字

▼なぞりましょう ▼書きじゅん ▼おぼえましょう

きょうかしょ上 43 ページ

近

ひとふでで 書く　とめる

書きじゅん：1 近　2 近　3 近　4 近　5 近　6 近　7 近

近　しんにょう　しんにゅう

7画

なぞりましょう：学校が近い　近くへよる

読み方

キン

ちかい

つかい方

近所《きんじょ》の 人《ひと》

人《ひと》に 近《ちか》づく

近道《ちかみち》を する

はんたいの 字

▼なぞりましょう ▼書きじゅん ▼おぼえましょう

きょうかしょ上 44 ページ

分

あける　出さない　はねる

書きじゅん：1 分　2 分　3 分　4 分

分　かたな

4画

なぞりましょう：自分でする　はん分

読み方

ブン・フン

ブ

わける

わかれる

わかる

わかつ

つかい方

半分《はんぶん》・五分《ごふん》

ひき分《わ》ける

よく 分《わ》かる

でき方

かたなで 二つに きって わける 形《かたち》から できた。

▼なぞりましょう ▼書きじゅん ▼おぼえましょう

きょうかしょ上 44 ページ

自

ななめに

書きじゅん：1 自　2 自　3 自　4 自　5 自　6 自

自　みずから

6画

なぞりましょう：自分の話　自しゅう

読み方

ジ

シ

みずから

つかい方

自分《じぶん》の こと

自然《しぜん》ほご

自《みずか》ら 行《おこな》う

かたちの にた 字

白　自

ちがいは どこかな？

月　日

外

出さない
とめる

読み方
ガイ
そと・ほか
はずす
はずれる
◆ゲ

つかい方
外国《がいこく》へ 行《い》く
外《そと》へ 出《で》る
戸《と》を 外《はず》す

はんたいの 字

内《うち》　外

1 外
2 外
3 外
4 外
5 外

外 ゆうべ た
5画

外がわ
いえの外

形

下を ながく

読み方
ケイ
ギョウ
かた
かたち

つかい方
三角形《さんかくけい》
日本人形《にほんにんぎょう》
形《かたち》を かえる

い み
彡(さんづくり)は、かたちを ととのえる いみを あらわすよ。

1 形
2 形
3 形
4 形
5 形
6 形
7 形

形 さんづくり
7画

まるい形
形をつくる

黄

ながく
つき出す

読み方
オウ
き
◆コウ
◆こ

つかい方
黄金《おうごん》
黄色《きいろ》い 花《はな》
黄《き》みどり

ちゅうい
○黄　×黄
形に 気を つけて 書こう。

1 黄
2 黄
3 黄
4 黄
5 黄
6 黄
7 黄
8 黄
9 黄
10 黄
11 黄

黄 き
11画

黄色い糸
黄しんごう

漢字《かん》クイズ 3

なぞなぞを 出すよ。
よく 考《かんが》えて 答《こた》えよう。

「三人で 日なたぼっこ。きせつは、いつ？」

こたえ 14 ページ

ぴったり2 れんしゅう

すみれと あり かんさつ発《はっ》見カード

きょうかしょ 上42〜51ページ
こたえ 3ページ

月　日

1 漢字を 読みましょう。

①（　）もうすぐ 春が くる。

②（　）まっすぐな 道。

③（　）高い たてもの。

④（　）いえが 近い。

⑤（　）かたい 地面《めん》。

⑥（　）道のりを はかる。

⑦（　）高い 木に のぼる。

2 □に 漢字を 書きましょう。

① □《じ》□《ぶん》の 考《かんが》え。

② いえの □《そと》。

③ □《かたち》を ととのえる。

④ □《き》みどりの 花が さく。

⑤ □《じ》ゆうな じかん。

⑥ たべものを □《わ》ける。

⑦ ひるから □《がい》出する。

⑧ □《えん》□《けい》の たてもの。

⑨ たまごの □《き》み。

⑩ □《じ》てん□《しゃ》に のる。

⑪ もう □《さん》□《ぷん》 まつ。

⑫ □《にん》□《ぎょう》と あそぶ。

月　日

ぴったり2 れんしゅう

すみれと あり
かんさつ発《はっ》見カード

きょうかしょ 上42～51ページ
こたえ 3ページ

1 漢字《かん》を 読みましょう。

① 外へ 出る。（　　）

② 自分の 考《かんが》えを 言う。（　　）

③ おかしな 形。（　　）

④ 自ぜんの けしき。（　　）

⑤ 分たんを きめる。（　　）

⑥ 形を ととのえる。（　　）

⑦ 黄色い リボン。（　　）

2 □に 漢字を 書きましょう。

① □《はる》に さくらが さく。

② 右の □《みち》を いく。

③ ねだんが □《たか》い。

④ □《ちか》くの 山に のぼる。

⑤ □《ち》□《じょう》に 出る。

⑥ あたたかい □《はる》。

⑦ ながい □《みち》のり。

⑧ □《たか》さを はかる。

⑨ □《ちか》□《みち》を 通る。

⑩ □《ち》□《か》てつに のる。

⑪ □《そう》□《しゅん》の 山。

⑫ □《たか》い ところは こわい。

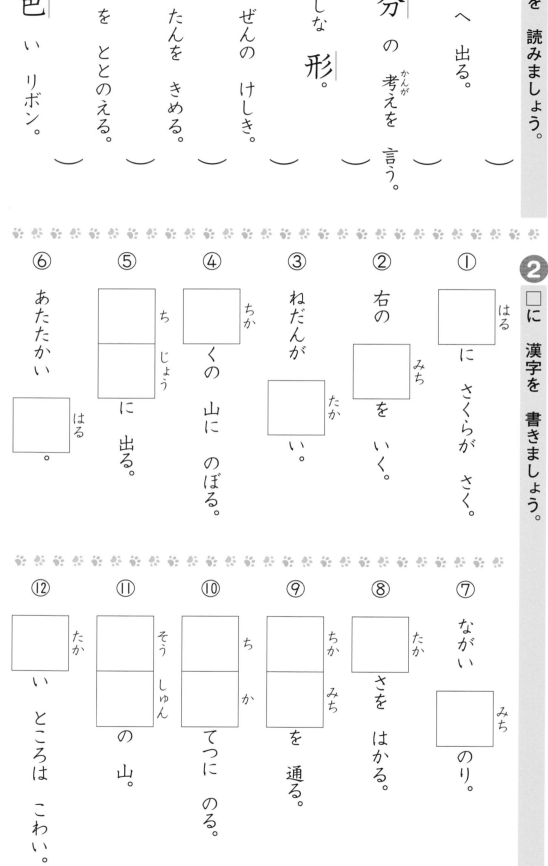

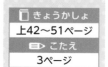

月　日

ぴったり1 じゅんび

かたかなで 書く 言葉《ば》

きょうかしょ 上56〜57ページ

あたらしく 学しゅうする 漢字

国　前　絵

なぞりましょう　書きじゅん　おぼえましょう

きょうかしょ上 56 ページ

国

わすれないで
ながめに

読み方
コク
くに

つかい方
国語《こくご》
外国《がいこく》へ 行《い》く
雪国《ゆきぐに》の 町《まち》

ちゅうい
×国 ○国
「、」を わすれない ように しましょう。

ちょうせんしましょう！

書きじゅん：1 2 3 4 5 6 7 8

国 くにがまえ　8画

国王になる
国ほう
国立大学
外国人

なぞりましょう　書きじゅん　おぼえましょう

きょうかしょ上 56 ページ

前

とめる　はねる

読み方
ゼン
まえ

つかい方
午前中《ごぜんちゅう》
学校《がっこう》の 前《まえ》
前《まえ》むき

はんたいの 字
前
後《うし》ろ

書きじゅん：1 2 3 4 5 6 7 8 9

前 りっとう　9画

名前を書く
前とうしろ

なぞりましょう　書きじゅん　おぼえましょう

きょうかしょ上 57 ページ

絵

下を ながく
とめる

読み方
カイ
エ

つかい方
絵画《かいが》
絵《え》を かく
絵日記《えにっき》

いみの にた 字
絵　絵本・さし絵
画　まん画・図《ず》画

書きじゅん：1 2 3 4 5 6 7 8 9 10 11 12

絵 いとへん　12画

絵を見る
絵のぐ

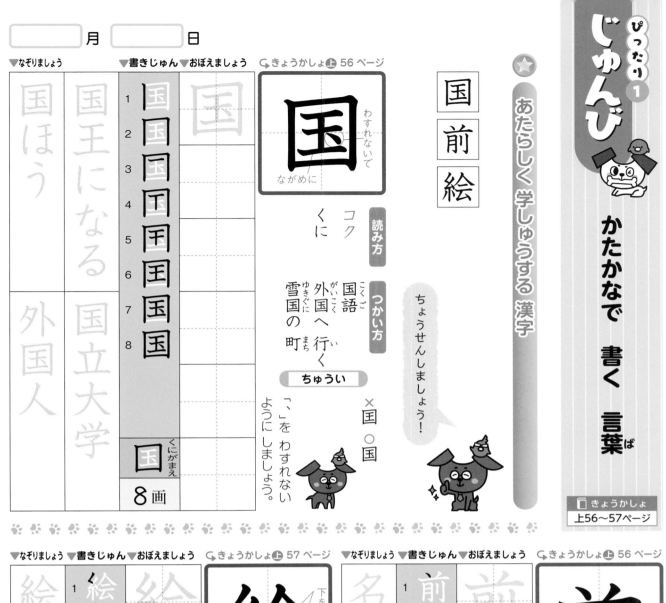

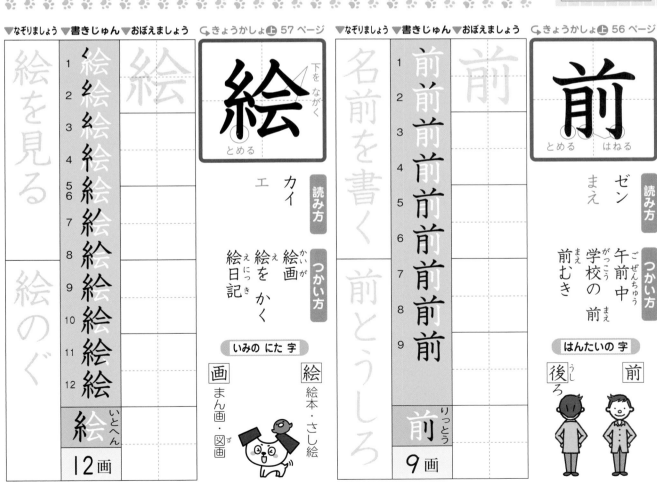

本で　しらべよう
「生きものクイズ」で　しらせよう

きょうかしょ
上58〜64ページ

□ 月 □ 日

▼なぞりましょう　▼書きじゅん　▼おぼえましょう　↺きょうかしょ 上 58 ページ

あたらしく 学しゅうする 漢字

図 作 週 間 答

図

点が二つ
とめる

読み方
ズ
ト
◆はかる

つかい方
図工の 時間
地図を 見る
図書館

なかまの 字
国　回　図
園　　　四

☆口が ある 漢字

やって
みましょう！

書きじゅん
1 図
2 図
3 図
4 図
5 図
6 図
7 図

図
くにがまえ
7画

図書かん
図書がかり
図書しつ
図書いいん

▼なぞりましょう　▼書きじゅん　▼おぼえましょう　↺きょうかしょ 上 63 ページ

週

はねる
ひとふててて 書く

読み方
シュウ

つかい方
今週
読書週間
週まつ

ちゅうい
辶（しんにょう）は
さいごに、三画で
書こう。

書きじゅん
1 週
2 週
3 週
4 週
5 週
6 週
7 週
8 週
9 週
10 週
11 週

週
しんにょう
11画

週のはじめ
先週の天気

▼なぞりましょう　▼書きじゅん　▼おぼえましょう　↺きょうかしょ 上 62 ページ

作

みじかく
とめる

読み方
サク
サ
つくる

つかい方
作文を 書く
動作
歌を 作る

でき方
人が 木に 切れ目を
入れて、ものをつくる
ようすをあらわす字。

書きじゅん
1 作
2 作
3 作
4 作
5 作
6 作
7 作

作
にんべん
7画

こめ作り
作り上げる

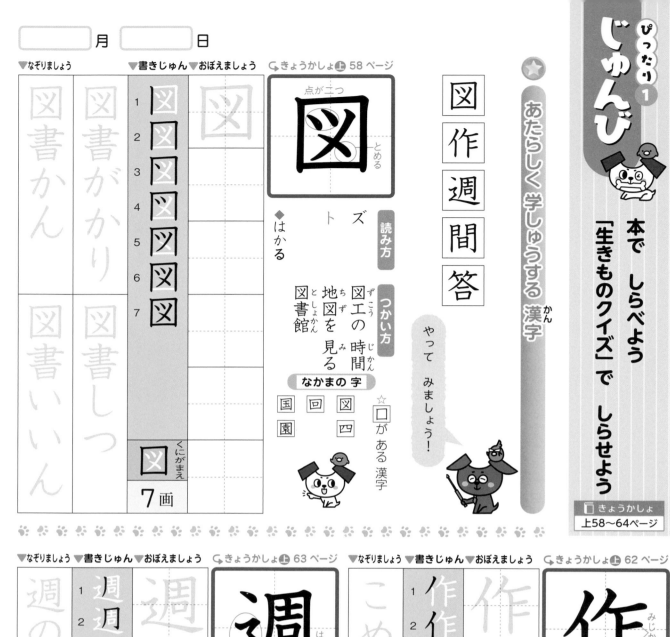

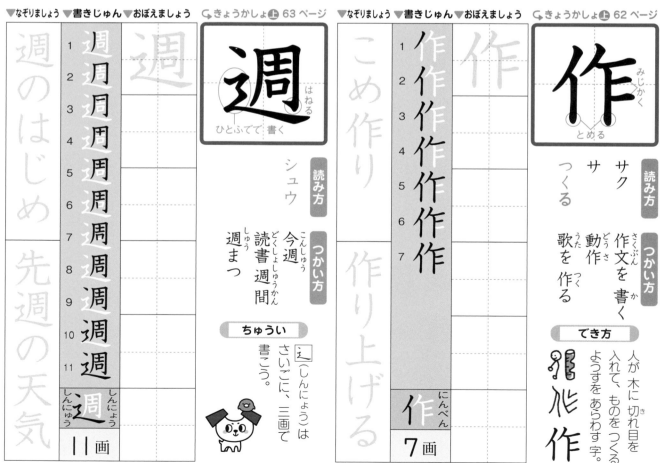

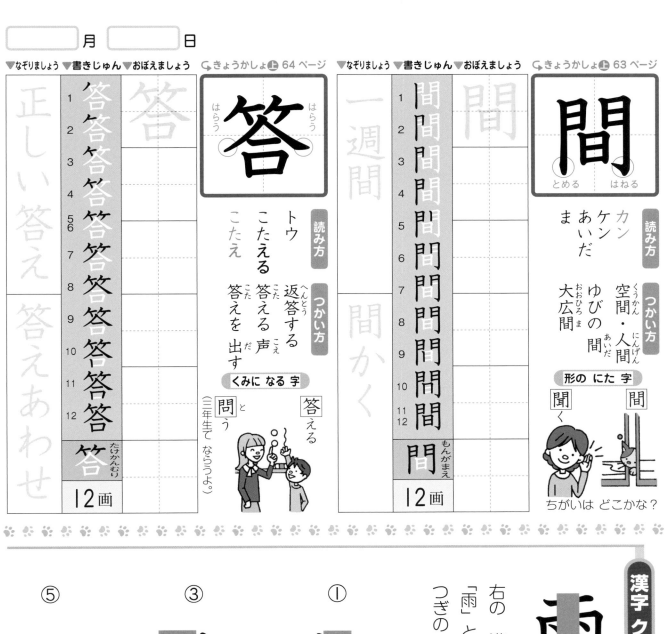

月　日

▼なぞりましょう ▼書きじゅん ▼おぼえましょう

きょうかしょ上 63 ページ

間

とめる　はねる

読み方
カン
ケン
あいだ
ま

つかい方
空間《くうかん》・人間《にんげん》
ゆびの 間《あいだ》
大広《おおひろ》間《ま》

形の にた 字
聞く　間

ちがいは どこかな？

書きじゅん：1　2　3　4　5　6　7　8　9　10　11　12　間

間 もんがまえ

12画

間　一週間　間かく

▼なぞりましょう ▼書きじゅん ▼おぼえましょう

きょうかしょ上 64 ページ

答

はらう　はらう

読み方
トウ
こたえる
こたえ

つかい方
返答《へんとう》する
答《こた》える 声《こえ》
答《こた》えを 出《だ》す

くみに なる 字
答える　問う
(三年生で ならうよ。)

書きじゅん：1　2　3　4　5 6　7　8　9　10　11　12　答

答 たけかんむり

12画

答　正しい答え　答えあわせ

漢字 クイズ 4

右の 漢字は、いちぶが かくれて いるけど、「雨」と いう 字だと 分かるかな？
つぎの 漢字も、しっかり 見分けよう。

①
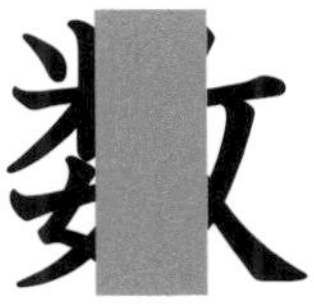
□

②
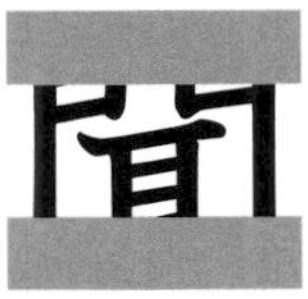
□

③
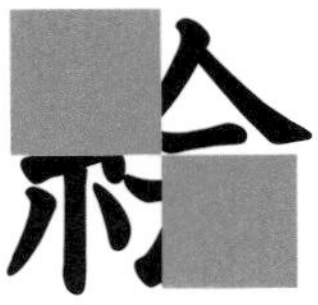
□

④

□

⑤

□

⑥

□

答え 14 ページ

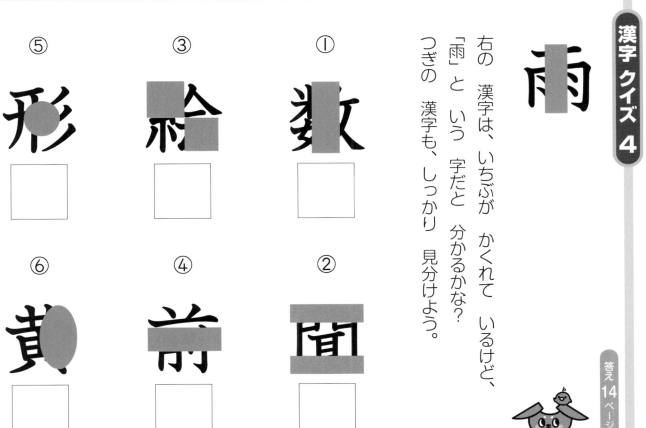

ぴったり2 れんしゅう

かたかなで 書く 言葉《ば》
本で しらべよう
「生きものクイズ」で しらせよう

きょうかしょ 上56〜64ページ
答え 4ページ

1 漢《かん》字を 読みましょう。

①（　）外国 の おもちゃ。

②（　）名前 を 言う。

③ もけいを（　）作 る。

④ 正しい（　）答 え。

⑤ 大きな（　）国道。

⑥（　）作文 の しゅくだい。

⑦ いえの（　）前 に 立つ。

2 □に 漢字を 書きましょう。

① すてきな □《え》□《ほん》。

② すいせん □《と》□《しょ》。

③ □《に》□《しゅう》□《かん》 たつ。

④ 赤い □《え》 のぐ。

⑤ □《ず》□《が》 工作。

⑥ □《せん》□《しゅう》 の 木曜日。

⑦ ノートに □《ず》 を かく。

⑧ □《しゅう》□《かん》 天気よほう。

⑨ □《かい》□《が》 を 見にいく。

⑩ □《しゅう》 まつの よてい。

⑪ 日本の □《ち》□《ず》。

⑫ □《しゅう》□《きゅう》 二日。

月　　日

ぴったり2 れんしゅう

かたかなで 書く 言葉
本で しらべよう
「生きものクイズ」で しらせよう

きょうかしょ 上56～64ページ
答え 4ページ

1 漢字を 読みましょう。

① 絵を 見る。（　）
② 図書かんに いく。（　）
③ 今週は 天気が よい。（　）
④ 図で せつめいする。（　）
⑤ ぬり絵を する。（　）
⑥ 一週間の ニュース。（　）
⑦ お気に入りの 絵本。（　）

2 □に 漢字を 書きましょう。

① □《こく》□《おう》に 会う。
② まっすぐ □《まえ》に すすむ。
③ りょうりを □《つく》る。
④ □《こた》えが 出る。
⑤ □《こく》□《どう》を 車で 走《はし》る。
⑥ □《な》□《まえ》を きかれる。
⑦ □《さく》□《ぶん》が とくいだ。
⑧ しつもんに □《こた》える。
⑨ □《がい》□《こく》から きた 人。
⑩ □《まえ》の めりに なる。
⑪ □《つく》りおきの おかず。
⑫ もんだいの □《こた》え。

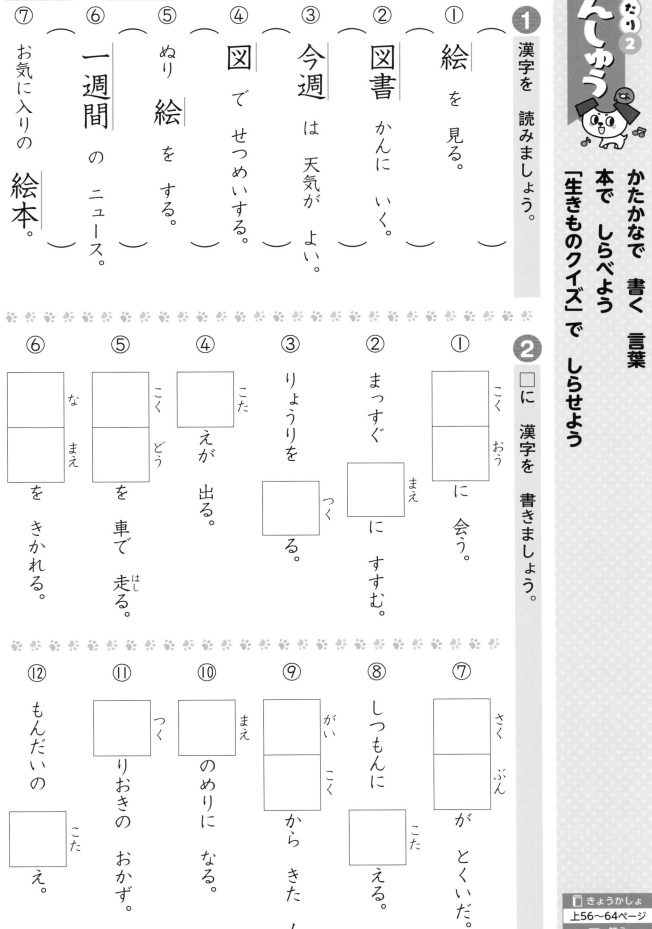

月　日

なかまの 言葉《ことば》と 漢字《かん》

「言葉のなかまさがしゲーム」を しよう

きょうかしょ 上66〜70ページ

☆あたらしく 学しゅうする 漢字

昼　夜　親　兄　父　母　姉　弟
妹　万　語　算　海　内　夏

きょうかしょ上 66 ページ

昼

つける
ながめに

読み方
チュウ
ひる

つかい方
昼食《ちゅうしょく》
昼《ひる》と 夜《よる》
昼休《ひるやす》み

ちゅうい
○昼　×昼
形に 気を つけて 書きましょう。

▼書きじゅん ▼おぼえましょう
1 2 3 4 5 6 7 8 9
昼 ひ
9画

▼なぞりましょう
昼になる
昼ごはん
昼休み
昼ねをする

きょうかしょ上 66 ページ

夜

はらう

読み方
ヤ
よ
よる

つかい方
夜間《やかん》
夜空《よぞら》の 星《ほし》
夜《よる》の やみ

はんたいの 字
昼　夜

▼書きじゅん ▼おぼえましょう
1 2 3 4 5 6 7 8
夜 た ゆうべ
8画

▼なぞりましょう
昼と夜
夜にかえる

きょうかしょ上 66 ページ

親

みじかくとめる
はねる

読み方
シン
おや
したしむ
したしい

つかい方
親友《しんゆう》
馬《うま》の 親子《おやこ》
親《した》しい 友《とも》

くみに なる 字
子　親

▼書きじゅん ▼おぼえましょう
1 2 3 4 5 6 7 8 9 10 11 12 13 14 15 16
親 みる
16画

▼なぞりましょう
親と子ども
ぼくの親

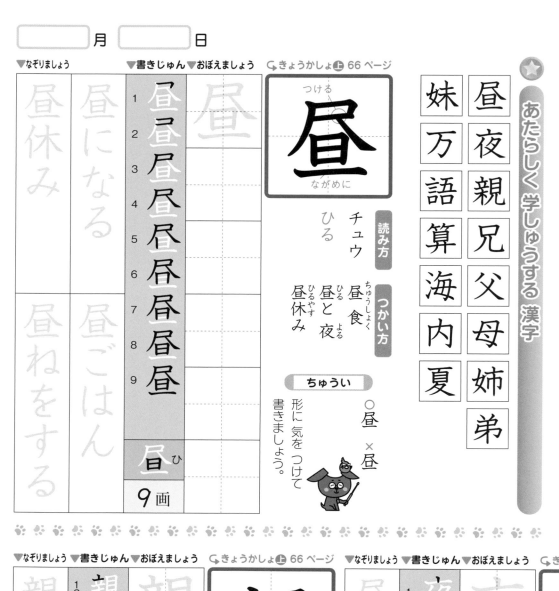

▼なぞりましょう ▼書きじゅん ▼おぼえましょう きょうかしょ㊤ 66 ページ

父

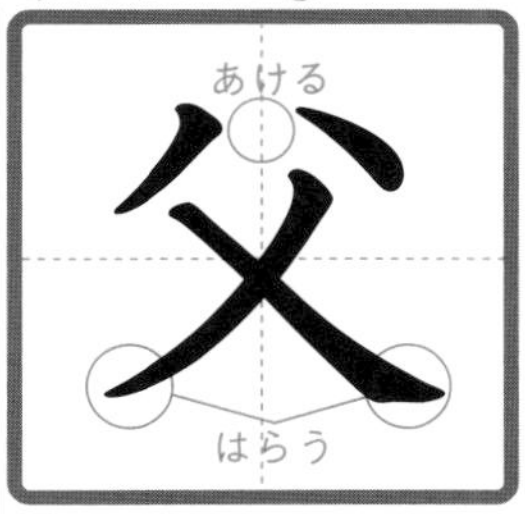

読み方
フ
ちち

つかい方
父母《ふぼ》(ちちはは)
父《ちち》と 話《はな》す
父親《ちちおや》

くみに なる 字
父　母《はは》

書きじゅん 1 父 2 父 3 父 4 父

父《ちち》

4画

やさしい父
父と子

▼なぞりましょう ▼書きじゅん ▼おぼえましょう きょうかしょ㊤ 66 ページ

兄

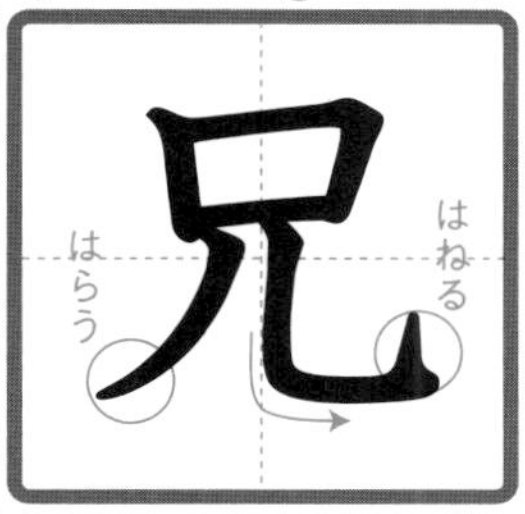

読み方
キョウ
あに
◆ケイ

つかい方
兄弟《きょうだい》
兄《あに》の 本《ほん》
九才《きゅうさい》の 兄《あに》

くみに なる 字
兄　弟《おとうと》

書きじゅん 1 兄 2 兄 3 兄 4 兄 5 兄

兄《ひとあし》《にんにょう》

5画

兄とあそぶ
兄のつくえ

▼なぞりましょう ▼書きじゅん ▼おぼえましょう きょうかしょ㊤ 66 ページ

姉

読み方
あね
◆シ

つかい方
六年生《ろくねんせい》の 姉《あね》
兄《あに》と 姉《あね》
姉《あね》と 妹《いもうと》

くみに なる 字
姉　妹《いもうと》

書きじゅん 1 姉 2 姉 3 姉 4 姉 5 姉 6 姉 7 姉 8 姉

姉《おんなへん》

8画

姉さま人形
姉のくつ

▼なぞりましょう ▼書きじゅん ▼おぼえましょう きょうかしょ㊤ 66 ページ

母

読み方
ボ
はは

つかい方
母国《ぼこく》に 帰《かえ》る
母《はは》の 日《ひ》
母親《ははおや》

ちゅうい
○母　×毋
「海《うみ》」の「毋」と ちがう から、気を つけよう。

書きじゅん 1 母 2 母 3 母 4 母 5 母

母《なかれ》

5画

母親
父と母

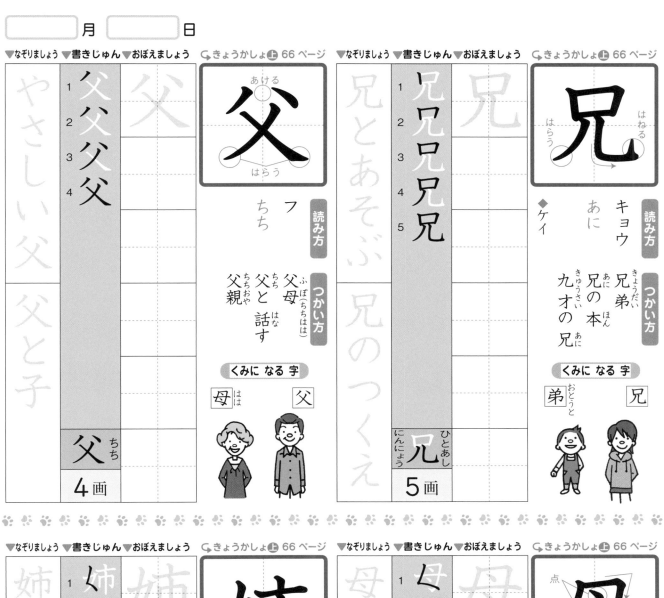

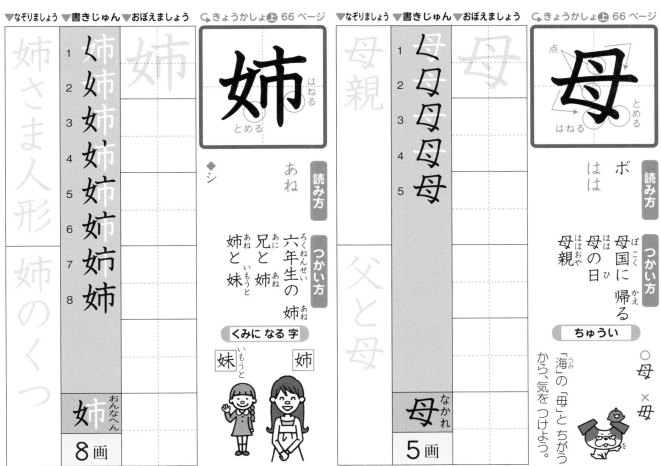

▼なぞりましょう ▼書きじゅん ▼おぼえましょう　きょうかしょ(上) 66 ページ

妹

下を ながく
とめる

なぞりましょう：わたしの妹　妹がなく

書きじゅん：1 2 3 4 5 6 7 8 妹

女《おんなへん》

8画

読み方

いもうと

◆マイ

つかい方

妹《いもうと》と あそぶ
妹《いもうと》が わらう
妹《いもうと》の 手《て》

ちゅうい

○妹　×妹

形に 気を つけて 書こうね。

▼なぞりましょう ▼書きじゅん ▼おぼえましょう　きょうかしょ(上) 66 ページ

弟

はねる

なぞりましょう：弟ができた　弟のせわ

書きじゅん：1 2 3 4 5 6 7 弟

弓 ゆみ

7画

読み方

ダイ
おとうと
◆テイ
◆デ

つかい方

三人兄弟《さんにんきょうだい》
弟《おとうと》の せわ
弟《おとうと》と 妹《いもうと》

なかまの 字

☆きょうだいの 漢《かん》字

兄　姉　弟　妹

▼なぞりましょう ▼書きじゅん ▼おぼえましょう　きょうかしょ(上) 67 ページ

語

ながめに

なぞりましょう：語学の本　じゅつ語

書きじゅん：1 2 3 4 5 6 7 8 9 10 11 12 13 14 語

言《ごんべん》

14画

読み方

ゴ
かた**る**
かた**らう**

つかい方

国語《こくご》の 時間《じかん》
ゆめを 語《かた》る
友《とも》と 語《かた》らう

いみの にた 字

語　語り合《あ》う・物《もの》語

話　話し合う・お話

▼なぞりましょう ▼書きじゅん ▼おぼえましょう　きょうかしょ(上) 67 ページ

万

はねる

なぞりましょう：十万本　万一のとき

書きじゅん：1 2 3 万

一 いち

3画

読み方

マン
◆バン

つかい方

一万円《いちまんえん》
何万《なんまん》びき
万《まん》に 一《ひと》つ

なかまの 字

☆数の 漢字

一　百　千　十　万

月　　日

▼なぞりましょう　▼書きじゅん　▼おぼえましょう　　きょうかしょ上 67 ページ

ひろい海

空と海

海

はねる　とめる

部首：海 さんずい

9画

読み方

カイ

うみ

つかい方

海水《かいすい》よく

海《うみ》で およぐ

青《あお》い 海《うみ》

い　み

氵（さんずい）は、水を あらわすよ。海は 水で いっぱいだよね。

▼なぞりましょう　▼書きじゅん　▼おぼえましょう　　きょうかしょ上 67 ページ

算数を学ぶ

けい算する

算

ながく　はらう　とめる

部首：算 たけかんむり

14画

読み方

サン

つかい方

国語《こくご》と 算数《さんすう》

数《かず》の 計算《けいさん》

足《た》し算《ざん》

い　み

⺮（たけかんむり）なのは、むかし、竹の ぼうを つかって けい算したからだよ。

▼なぞりましょう　▼書きじゅん　▼おぼえましょう　　きょうかしょ上 70 ページ

夏になる

夏まつり

夏

やや ながく　つける

部首：夏 すいにょう／ふゆがしら

10画

読み方

カ

なつ

◆ゲ

つかい方

初夏《しょか》の 風《かぜ》

夏休《なつやす》み

夏《なつ》みかん

はんたいの 字

冬《ふゆ》　夏

▼なぞりましょう　▼書きじゅん　▼おぼえましょう　　きょうかしょ上 67 ページ

内むき

内がわ

内

つき出す　とめる　はねる

部首：内 いる

4画

読み方

ナイ

うち

◆ダイ

つかい方

町内会《ちょうないかい》

内《うち》と 外《そと》

内《うち》に 入《はい》る

でき方

たてものに 入る ようすから、「うちがわ」を あらわした 字。

月　　日

ぴったり2 れんしゅう

なかまの 言葉《ば》と 漢《かん》字

「言葉のなかまさがしゲーム」を しよう

きょうかしょ 上66〜70ページ
答え 4ページ

1 漢字を 読みましょう。

① 昼（　　） ごはんを たべる。

② 夜（　　） の やみ。

③ 父親（　　） と 話す。

④ 母（　　） と わたし。

⑤ 国語（　　） の べんきょう。

⑥ 算数（　　） を 学ぶ。

⑦ きびしい 父（　　）。

2 □に 漢字を 書きましょう。

① 二つ上の □《あに》。

② □《あね》の ピアノ。

③ □《おとうと》は 四さいだ。

④ かわいい □《いもうと》。

⑤ □《いち》□《まん》円さつ。

⑥ □《うみ》に すむ さかな。

⑦ □《ない》ようを たしかめる。

⑧ □《なつ》の 空が ひろがる。

⑨ □《あに》が サッカーを する。

⑩ やさしい □《あね》。

⑪ はこの □《うち》がわ。

⑫ □《きょう》□《だい》げんかを する。

ぴったり2 れんしゅう

なかまの 言葉と 漢字

「言葉のなかまさがしゲーム」を しよう

きょうかしょ 上66～70ページ
答え 4ページ

1 漢字を 読みましょう。

① おもしろい 兄。（　）
② 三さいの 弟。（　）
③ 妹 と あそぶ。（　）
④ 十万円 の 絵画。（　）
⑤ 海 が 見える。（　）
⑥ 店《てん》内 に 入る。（　）
⑦ 夏 の くだもの。（　）

2 □に 漢字を 書きましょう。

① □《ひる》に なる。
② □《ちち》と 子で 出かける。
③ □《おや》□《こ》で たびする。
④ □《こく》□《ご》の じゅぎょう。
⑤ □《はは》の日を いわう。
⑥ □《さん》□《すう》が とくいだ。
⑦ 学校の □《ひる》休み。
⑧ □《よる》が ながく なる。
⑨ 本に □《した》しむ。
⑩ □《がい》□《こく》□《ご》を 話す。
⑪ □《ちち》□《おや》に しかられる。
⑫ □《ぼ》□《こく》の 言葉。

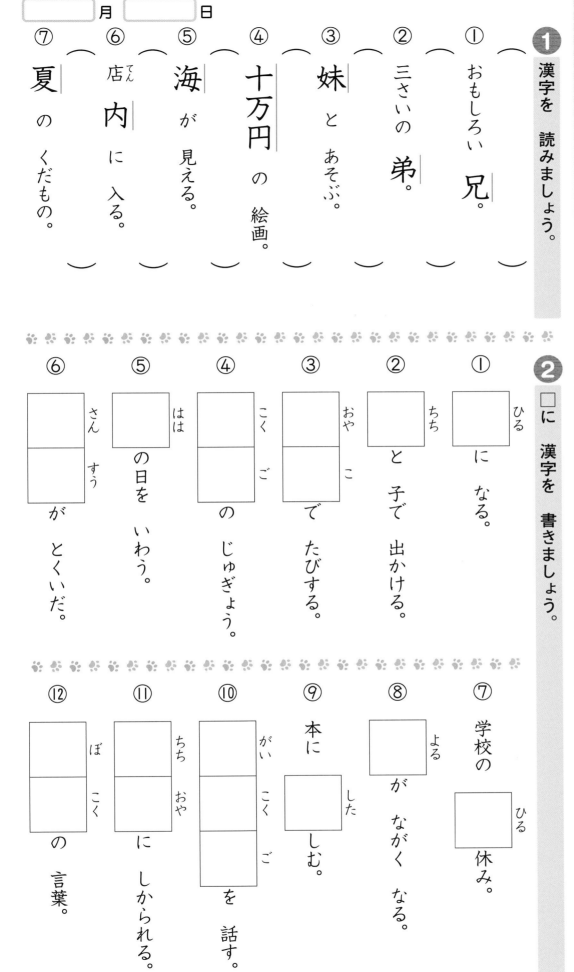

月　日

ぴったり1 じゅんび

きつねの おきゃくさま
うれしく なる 言葉《ば》

きょうかしょ
上72〜92ページ

あたらしく 学しゅうする 漢字《かん》

考 太 丸 心 切 行 場 楽 才

ていねいに 書こう！

▼なぞりましょう ▼書きじゅん ▼おぼえましょう　きょうかしょ上 72ページ

考

はねる

読み方
コウ
かんがえる

つかい方
さん考書《こうしょ》
よく 考《かんが》える
よい 考《かんが》え

いみの にた 字

書きじゅん：1〜6

おいかんむり
おいがしら

6画

考えを言う
考えたこと
よい考え
あまい考え

▼なぞりましょう ▼書きじゅん ▼おぼえましょう　きょうかしょ上 72ページ

太

わすれないで

読み方
タイ・タ
ふとい
ふとる

つかい方
太陽《たいよう》・丸太《まるた》
太《ふと》い うで
犬《いぬ》が 太《ふと》る

いみの にた 字

ちがいは どこかな？

書きじゅん：1〜4

だい

4画

太らせる
太った人

▼なぞりましょう ▼書きじゅん ▼おぼえましょう　きょうかしょ上 73ページ

丸

はねる

読み方
ガン
まる
まるい
まるめる

つかい方
ほう丸《がん》なげ
丸《まる》で かこむ
丸《まる》い 玉《たま》

でき方

がけの 下で 体《からだ》を まるめた 人の 形から できた。

書きじゅん：1〜3

てん

3画

丸くなる
丸い月

月　日

▼なぞりましょう ▼書きじゅん ▼おぼえましょう
きょうかしょ上 73 ページ

心

とめる　はねる

読み方
シン
こころ

つかい方
町《まち》の 中心《ちゅうしん》
やさしい 心《こころ》
心《こころ》がけ

でき方
しんぞうの 形から できた。

書きじゅん 1 2 3 4
心《こころ》
4画

心ぼそい
心をこめる

▼なぞりましょう ▼書きじゅん ▼おぼえましょう
きょうかしょ上 75 ページ

切

出さない　はねる

読み方
セツ
きる
きれる
◆サイ

つかい方
親切《しんせつ》な 人《ひと》
木《き》を 切《き》る
糸《いと》が 切《き》れた

い　み
右に「刀」が あるのは、はもので「きる」からなんだね。

書きじゅん 1 2 3 4
切《かたな》
4画

切り口
かみを切る

▼なぞりましょう ▼書きじゅん ▼おぼえましょう
きょうかしょ上 75 ページ

行

下を ながく　とめる　はねる

読み方
コウ
ギョウ
いく・ゆく
おこなう
◆アン

つかい方
行動《こうどう》・行列《ぎょうれつ》
町《まち》へ 行《い》く
試合《しあい》を 行《おこな》う

ちゅうい
○行《い》く ○行って
○行《ゆ》く ×行《ゆ》って
気を つけましょう。

書きじゅん 1 2 3 4 5 6
行《ぎょう》
6画

学校へ行く
行きかえり

▼なぞりましょう ▼書きじゅん ▼おぼえましょう
きょうかしょ上 86 ページ

場

はねる　はらう

読み方
ジョウ
ば

つかい方
入場行進《にゅうじょうこうしん》
子《こ》ども広場《ひろば》
あそび場所《ばしょ》

い　み
①ばしょ
「広場《ひろば》」「市場《いちば》」「会場」
②とき
「場合《ばあい》」

書きじゅん 1 2 3 4 5 6 7 8 9 10 11 12
場《つちへん》
12画

町のひろ場
近い場しょ

月　日

▼なぞりましょう ▼書きじゅん ▼おぼえましょう

きょうかしょ上 86 ページ

楽

とめる

読み方

ガク
ラク
たのしい
たのしむ

つかい方

音楽《おんがく》・気楽《きらく》
楽《たの》しい　遠足《えんそく》
楽《たの》しみ

いみ

「音楽」の いみから、音楽は たのしいの で、「楽しい」の いみが できたよ。

書きじゅん：1〜13　楽

楽（き）

13画

音楽の本
楽たい

才

すこし出す
はねる

読み方

サイ

つかい方

天才《てんさい》
才《さい》のう
文才《ぶんさい》が ある

ちゅうい

かたかなの「オ」じゃ ないんだよ。

書きじゅん：1〜3　才

才（て）

3画

八才になる
絵の才のう

とくべつな読み方をする言葉《ば》

言葉	つかい方
兄さん《にいさん》	兄さん《にいさん》と 話す
父さん《とうさん》	父さん《とうさん》が おこる
母さん《かあさん》	母さん《かあさん》が わらう
姉さん《ねえさん》	姉さん《ねえさん》と あそぶ
上手《じょうず》	上手《じょうず》に はしる

月　日

ぴったり1 じゅんび

うれしく なる 言葉

きょうかしょ 上90〜92ページ

☆ あたらしく 学しゅうする 漢字《かん》

合　時　元

何回も くりかえして 書こう！

きょうかしょ上 90 ページ

合

（つける）

読み方

ゴウ・ガッ
カッ
あう
あわす
あわせる

つかい方

会合《かいごう》・合体《がったい》
話《はな》し合《あ》う
話《はなし》を 合《あ》わす

でき方

ふたを かぶせて、ぴったり あわせる 形から できた。

▼書きじゅん

1 合　2 合　3 合　4 合　5 合　6 合

合（くち）　6画

▼おぼえましょう

合

▼なぞりましょう

気が合う
わかり合う
言い合い
合いことば

きょうかしょ上 90 ページ

時

（わすれないで）

読み方

ジ
とき

つかい方

時間《じかん》
朝《あさ》の 八時《はちじ》
時《とき》を つげる

ちゅうい

○時　×時

「目」ではなく、「日」。気を つけて。

▼書きじゅん

1 時　2 時　3 時　4 時　5 時　6 時　7 時　8 時　9 時　10 時

時（ひへん）　10画

▼おぼえましょう

時

▼なぞりましょう

時がたつ
時をつげる

きょうかしょ上 90 ページ

元

（下を ながく）（はねる）

読み方

ゲン
ガン
もと

つかい方

元気《げんき》な 子《こ》
元日《がんじつ》
木《き》の 根元《ねもと》

でき方

人の 体《からだ》の 上の あたまの 形から、「おおもと」を あらわした 字。

▼書きじゅん

1 元　2 元　3 元　4 元

元（ひとあし・にんにょう）　4画

▼おぼえましょう

元

▼なぞりましょう

元気な子犬
元気づける

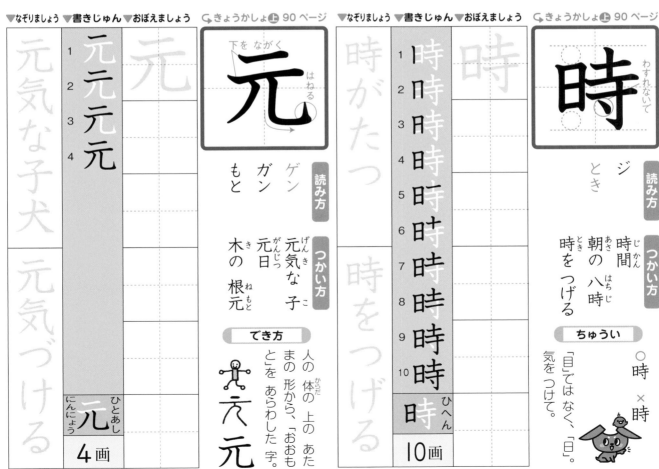

　　月　　日

ぴったり2 れんしゅう

きつねの おきゃくさま
うれしく なる 言葉《ば》

1 漢字《かん》を 読みましょう。

① 答えを 考える。（　）
② お兄さんの しあい。（　）
③ 心くばりを する。（　）
④ 父さんに しかられる。（　）
⑤ 学校に 行く。（　）
⑥ 時が たつ。（　）
⑦ 心の 中で 思う。（　）

2 □に 漢字を 書きましょう。

① よく □《ふと》った こぶた。
② □《まる》じるしを つける。
③ □《おん》□《がく》の じゅぎょう。
④ 三□《さい》の たん生日。
⑤ □《き》り口から あける。
⑥ □《げん》□《き》な 男の子。
⑦ □《こう》□《ば》の しごと。
⑧ 答えが □《あ》う。
⑨ □《まる》□《た》を ころがす。
⑩ うっかり 手を □《き》る。
⑪ □《さい》のうが ある。
⑫ □《たの》しく あそぶ。

きょうかしょ 上72～92ページ
答え 5ページ

月　　日

ぴったり2 れんしゅう

きつねの おきゃくさま
うれしく なる 言葉

きょうかしょ 上72〜92ページ
答え 5ページ

1 漢字を 読みましょう。

① お母さんが うたう。（　　）
② からだが太る。（　　）
③ 丸い お月さま。（　　）
④ わたしの お姉さん。（　　）
⑤ りょうりが上手だ。（　　）
⑥ きゅうりを切る。（　　）
⑦ 元気いっぱい。（　　）

2 □に 漢字を 書きましょう。

① □《こころ》が はずむ。
② □《じ》□《かん》が たつ。
③ 自分で □《かんが》える。
④ □《い》き先を つげる。
⑤ たたかいの □《ば》めん。
⑥ □《き》□《らく》に 生きる。
⑦ 弟は □《ご》□《さい》だ。
⑧ 話し□《あ》いを する。
⑨ やさしい □《こころ》を もつ。
⑩ 町へ □《い》く。
⑪ 夜の □《はち》□《じ》に なる。
⑫ □《かんが》え方を せつめいする。

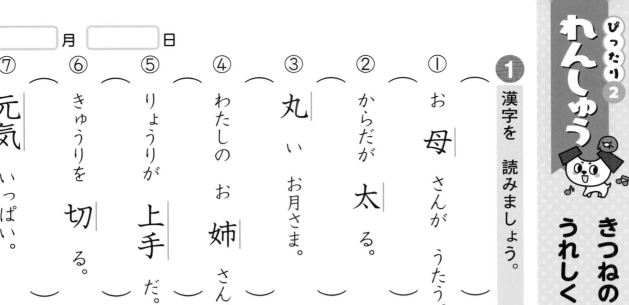

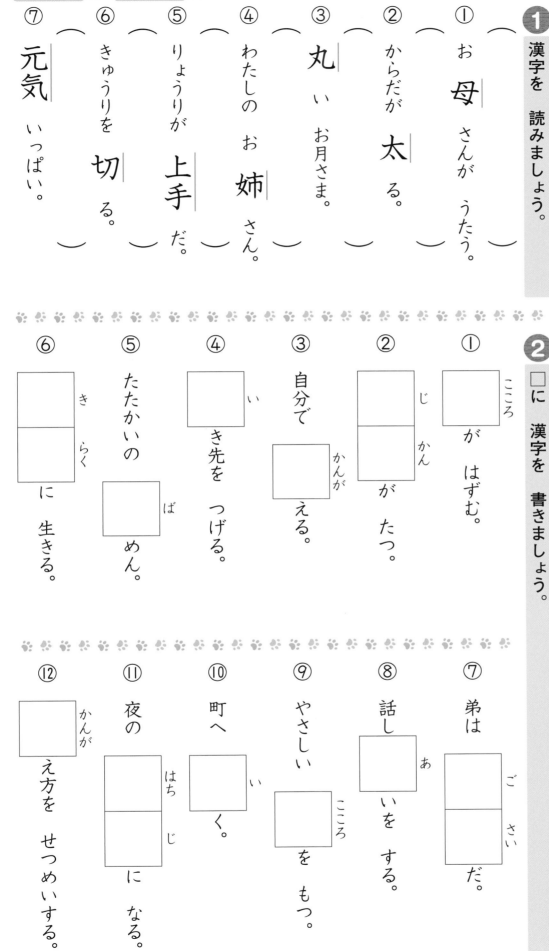

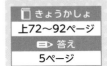

夏のチャレンジテスト①

時間30分

／100

ごうかく80点

きょうかしょ 上8〜93ページ

答え 5ページ

1 ——線の 漢《かん》字の 読みがなを 書きましょう。

一つ2点（22点）

① ていねいに 字を 書（　　）く。

② 本を 読（　　）んで 答（　　）えを さがす。

③ 汽（　　）てきが 聞（　　）こえる。

④ 春（　　）に なったら 黄色（　　）い たんぽぽが さく。

⑤ 公園（　　）へ あそびに 行（　　）った。

⑥ 地上（　　）から 星空（　　）を 見上げる。

2 つぎの 漢字の 正しい 書きじゅんの ほうに、〇を つけましょう。

一つ3点（18点）

① 母　あ（　　）　い（　　）

② 方　あ（　　）　い（　　）

③ 形　あ（　　）　い（　　）

④ 羽　あ（　　）　い（　　）

⑤ 内　あ（　　）　い（　　）

⑥ 馬　あ（　　）　い（　　）

3 つぎの 漢字の、二通り または 三通りの 読み方を 書きましょう。

一つ2点（30点）

① 外
- あ 外に 出る。（　　）
- い 外国の 人。（　　）

② 親
- あ 本に 親しむ。（　　）
- い 親と 子。（　　）

③ 図
- あ 図を かく。（　　）
- い 図書かん。（　　）

④ 友
- あ 友だち。（　　）
- い 友じょう。（　　）

⑤ 作
- あ 作文を 書く。（　　）
- い ケーキを 作る。（　　）

⑥ 間
- あ 時間を かける。（　　）
- い 本の 間。（　　）

⑦ 夜
- あ 夜行バス。（　　）
- い 昼と 夜。（　　）
- う 夜中の 一時。（　　）

4 つぎの □に、漢字を 書きましょう。

一つ3点（30点）

① えき□《まえ》を 車で □《とお》る。

② □《じ》□《ぶん》で □《てん》□《すう》を つける。

③ おとぎ□《ばなし》。

④ いけんを □《い》う。

⑤ □《あさ》ごはん。

⑥ □《にっ》□《き》ちょう。

⑦ 木の □《き》りかぶ。

⑧ □《か》□《よう》□《び》に 行こう。

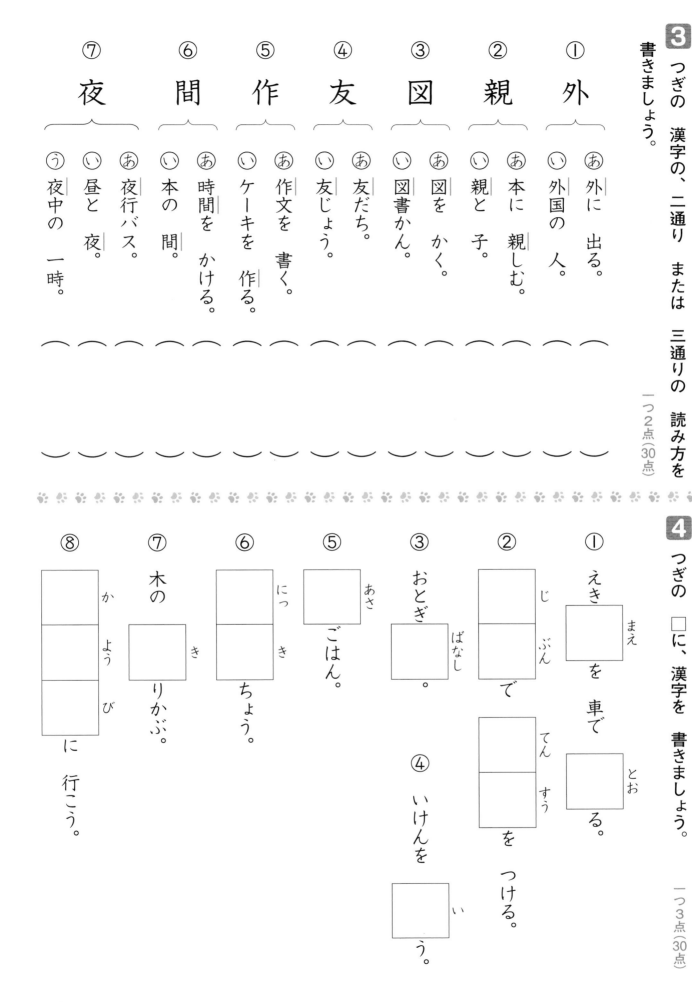

夏のチャレンジテスト②

時間 30分

／100

ごうかく 80点

きょうかしょ 上8〜93ページ

こたえ 6ページ

1 ——線の 漢《かん》字の 読みがなを 書きましょう。 一つ2点(22点)

① 国語（　）と 算数（　）。

② 今週（　）は 父（　）と 出かける。

③ 同（　）じ いえで 生活（　）する。

④ お昼（　）の 十二時（　）。

⑤ まっすぐな 線（　）を ひく。

⑥ 夏休（　）みの しゅくだい。

⑦ 楽（　）しく うたを うたう。

2 つぎの 漢字の 赤い ぶぶんは、なんばん目に 書きますか。数字で 答えましょう。 一つ2点(18点)

① 思 □

② 聞 □

③ 回 □

④ 画 □

⑤ 会 □

⑥ 道 □

⑦ 兄 □

⑧ 万 □

⑨ 姉 □

3 ――線の 言葉《ば》を、漢字と おくりがなで 書きましょう。

一つ3点(24点)

① からだが ふとる。

② 十まで かぞえる。

③ 糸が きれる。

④ しつもんに こたえる。

⑤ こたえが わかる。

⑥ きたいが たかまる。

⑦ バスが とおる。

⑧ よく かんがえる。

4 つぎの □に、漢字を 書きましょう。

一つ3点(36点)

① □《おお》□《ごえ》で □《なに》か □《い》う。

② □《おとうと》や □《いもうと》と あそぶ。

③ □《ちか》くに □《うみ》が ある。

④ □《まる》□《た》ごや。

⑤ □《こう》□《じょう》で はたらく。

⑥ □《こころ》の 中。

⑦ ぬり□《え》を する。

⑧ □《げん》□《き》な 人。

ぴったり1 じゅんび

話したいな、聞きたいな、夏休みのこと
二つの漢字《かん》でできている言葉《ば》

きょうかしょ 上96〜101ページ

新しく学しゅうする漢字

組 新 牛 鳥 市 弓
毛 電 矢 古 門 光

月　日

▼なぞりましょう ▼書きじゅん ▼おぼえましょう　きょうかしょ上 96ページ

組

りょうがわに出す

読み方
ソ
くむ
くみ

つかい方
組《そ》しき
組《く》み合《あ》わせ
同《おな》じ組《くみ》

ちゅうい
「組み立て」などはおくりがながついて、「二年一組」などはつかないよ。

書きじゅん：1〜11　組
組 いとへん
11画

なぞりましょう：組み立て　かたを組む　足を組む　ペアを組む

▼なぞりましょう ▼書きじゅん ▼おぼえましょう　きょうかしょ上 100ページ

牛

つき出す
下をながく

読み方
ギュウ
うし

つかい方
牛《ぎゅう》にゅう
牛肉《ぎゅうにく》を買《か》う
母牛《ははうし》と子牛《こうし》

でき方
うしのあたまの形からできた。

書きじゅん：1〜4　牛
牛 うし
4画

なぞりましょう：牛と馬　牛をかう

▼なぞりましょう ▼書きじゅん ▼おぼえましょう　きょうかしょ上 100ページ

新

とめる

読み方
シン
あたらしい
あらた
にい

つかい方
新聞《しんぶん》を読《よ》む
新《あたら》しい車《くるま》
新《あら》たな年《とし》
新潟県《にいがたけん》

ちゅうい
○新しい ×新らしい
おくりがなに気をつけてね。

書きじゅん：1〜13　新
新 おのづくり
13画

なぞりましょう：新聞を読む　新入生

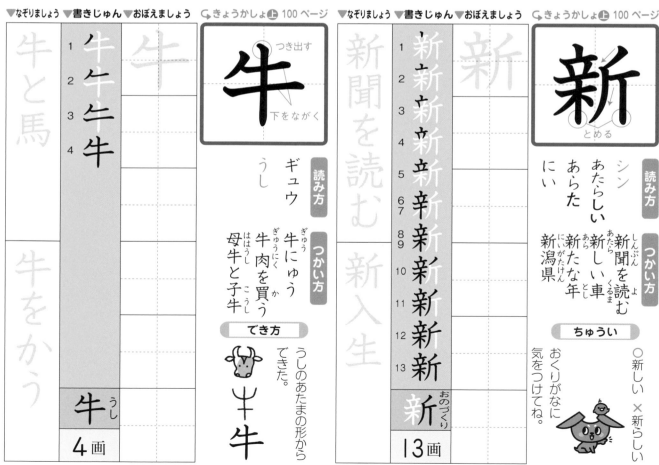

月　　日

▼なぞりましょう ▼書きじゅん ▼おぼえましょう

きょうかしょ㊤100ページ

鳥

むきにちゅうい

読み方 チョウ　とり

つかい方
白鳥《はくちょう》がとぶ
鳥《とり》のすばこ
わたり鳥《どり》

でき方
とりの形からできた。

書きじゅん 1〜11: 鳥

鳥《とり》　11画

鳥がなく
水鳥のむれ

▼なぞりましょう ▼書きじゅん ▼おぼえましょう

きょうかしょ㊤101ページ

市

とめる　はねる

読み方 シ　いち

つかい方
市役所《しやくしょ》
市長《しちょう》
市場《いちば》で買《か》う

なかまの字
☆まちやむらの漢字
市　町　村

書きじゅん 1〜5: 市

市《はば》　5画

町の市場
朝市が立つ

▼なぞりましょう ▼書きじゅん ▼おぼえましょう

きょうかしょ㊤101ページ

弓

はねる

読み方 ◆キュウ　ゆみ

つかい方
弓《ゆみ》をひく
弓《ゆみ》のけいこ
弓《ゆみ》なり

でき方
ゆみの形からできた。

書きじゅん 1〜3: 弓

弓《ゆみ》　3画

弓をひく
弓なりの月

▼なぞりましょう ▼書きじゅん ▼おぼえましょう

きょうかしょ㊤101ページ

毛

下をながく　はねる

読み方 モウ　け

つかい方
毛布《もうふ》
わた毛《げ》
毛糸《けいと》をあむ

形のにた字
毛　手

ちがいはどこかな？

書きじゅん 1〜4: 毛

毛《け》　4画

わた毛
毛虫がいる

月　日

▼なぞりましょう ▼書きじゅん ▼おぼえましょう　きょうかしょ上 101 ページ

矢

出さない　下をながく

読み方　や　◆シ

つかい方

弓矢《ゆみや》でいる
矢《や》じるし
矢車草《やぐるまそう》

でき方

やの形からできた。

書きじゅん：1 矢　2 矢　3 矢　4 矢　5 矢

矢《や》　5画

弓矢のまと
ながれ矢

▼なぞりましょう ▼書きじゅん ▼おぼえましょう　きょうかしょ上 101 ページ

電

はねる　出さない

読み方　デン

つかい方

電話《でんわ》する
電車《でんしゃ》にのる
電気自動車《でんきじどうしゃ》

でき方

雨雲《ぐも》から、いな光《びかり》がおちてくるようすからできた。

書きじゅん：1 電　2 電　3 電　4 電　5 電　6 電　7 電　8 電　9 電　10 電　11 電　12 電　13 電

電《あめかんむり》　13画

テレビ電話
ていでんする

▼なぞりましょう ▼書きじゅん ▼おぼえましょう　きょうかしょ上 101 ページ

門

とめる　はねる

読み方　モン　◆かど

つかい方

家《いえ》の門《もん》
校門《こうもん》を出《で》る
門番《もんばん》がいる

でき方

もんのとびらをとじた形からできた。

書きじゅん：1 門　2 門　3 門　4 門　5 門　6 門　7 門　8 門

門《もん》　8画

学校の正門
門をあける

▼なぞりましょう ▼書きじゅん ▼おぼえましょう　きょうかしょ上 101 ページ

古

ながく

読み方　コ　ふるい　ふるす

つかい方

古代《こだい》の人《ひと》
古新聞《ふるしんぶん》
つかい古《ふる》し

はんたいの字

古い　⇔　新しい

書きじゅん：1 古　2 古　3 古　4 古　5 古

古《くち》　5画

古いつぼ
古びたいえ

月　　日

きょうかしょ上 101 ページ

光

はらう　はねる

読み方

コウ
ひかる
ひかり

つかい方

日光《にっこう》
星《ほし》が光《ひか》る
光《ひかり》を出す

でき方

あたまにたいまつをのせた人の形からできた。

→ 光

書きじゅん：1 光　2 光　3 光　4 光　5 光　6 光

光　ひとあし　にんにょう

6画

日の光

光があふれる

漢《かん》字クイズ5

□に漢字を入れて、絵のように犬をへんしんさせましょう。形のにた漢字を、上手につかいましょう。

☆ 小さな 犬。

① □きな□。

② □った□きな□。

答え14ページ

月　　日

ぴったり2 れんしゅう

話したいな、聞きたいな、夏休みのこと
二つの漢《かん》字でできている言葉《ば》

きょうかしょ 上96～101ページ
答え 6ページ

1 漢字を読みましょう。

① 手を **組** む。（　）
② **新聞** を読む。（　）
③ **牛** や馬をかう。（　）
④ **朝市** へ行く。（　）
⑤ **電気** でうごく車。（　）
⑥ **古** いアルバム。（　）
⑦ **新** しく作る。（　）

2 □に漢字を書きましょう。

① □《とり》が羽ばたく。
② □《ゆみ》□《や》でたたかう。
③ かみの□《け》をとかす。
④ □《もん》をあける。
⑤ □《ひかり》をはっする。
⑥ □《とり》のたまご。
⑦ □《ゆみ》なりになる。
⑧ □《け》□《いと》のぼうし。
⑨ 大きな□《や》じるし。
⑩ □《もん》の外に立つ。
⑪ □《にっ》□《こう》がさしこむ。
⑫ きれいな□《はく》□《ちょう》。

ぴったり2 れんしゅう

話したいな、聞きたいな、夏休みのこと
二つの漢字でできている言葉

きょうかしょ 上96〜101ページ
答え 6ページ

月　　日

1 漢字を読みましょう。

① （　　） 小鳥のさえずり。

② （　　） 弓矢の名人。

③ （　　） かみの毛をとく。

④ （　　） 正門から入る。

⑤ （　　） たいようの光。

⑥ （　　） 矢じるしをかく。

⑦ （　　） 毛糸の玉がころがる。

2 □に漢字を書きましょう。

① □《く》み立てを考える。

② □《しん》□《ぶん》がとどく。

③ □《うし》のせわをする。

④ □《いち》□《ば》に行く。

⑤ □《でん》□《しゃ》にのる。

⑥ □《ふる》いおきどけい。

⑦ □《し》やくしょに行く。

⑧ □《ぎゅう》にゅうをのむ。

⑨ □《でん》□《き》スタンド。

⑩ 二年一□《くみ》。

⑪ □《あたら》しい朝がくる。

⑫ □《ふる》い本を読む。

月　　日

ぴったり2 れんしゅう

一年生で学んだ漢《かん》字②

1 漢字を読みましょう。

① ドアから**入**る。

② ゆっくり**休**む。

③ **六**つまで数える。

④ **九**時にまちあわせる。

⑤ かばんからとり**出**す。

⑥ **八**まいのおさら。

⑦ **百円**玉ではらう。

2 □に漢字を書きましょう。

① □《くち》を大きくあける。

② □《さん》びきのこぶた。

③ りんごを□《よっ》つもらう。

④ □《なな》色のにじ。

⑤ □《に》ばんめにゴールする。

⑥ □《きん》曜日のよてい。

⑦ □《たけ》馬にのる。

⑧ □《ちから》をこめる。

⑨ □《せん》年前のできごと。

⑩ □《じっ》回目のたん生日。

⑪ □《ご》ひきの子犬。

⑫ やさしい□《ひと》。

きょうかしょ 上102ページ
答え 7ページ

月　日

わにのおじいさんのたからもの

きょうかしょ 上105～111ページ

新しく学しゅうする漢字

頭　野　体　半　長　顔　紙　谷　岩

ちょうせんしましょう！

きょうかしょ 上 105 ページ

頭

ななめに　とめる

読み方　トウ　ズ　あたま　◆ト　◆かしら

つかい方
先頭《せんとう》に立《た》つ
頭《ず》つう
頭《あたま》を下《さ》げる

いみ
頭と顔《かお》の頁（おおがい）は、人のあたまの形をあらわす。

▼書きじゅん　1〜16

頭 おおがい　16画

▼おぼえましょう

▼なぞりましょう
くぎの頭
頭がいたい
頭をひやす
父は石頭だ

きょうかしょ 上 106 ページ

野

わすれないで　はねる

読み方　ヤ　の

つかい方
野《や》きゅう
野《の》原《はら》を行《い》く
野《の》ばら

いみのにた字
野　野原《はら》・あれ野
原　原つぱ・草原《そうげん》《くさはら》

▼書きじゅん　1〜11

野 さとへん　11画

▼おぼえましょう

▼なぞりましょう
野山を行く
野の花

きょうかしょ 上 106 ページ

体

はらう　とめる

読み方　タイ　からだ　◆テイ

つかい方
体力《たいりょく》
大《おお》きな体《からだ》
体《からだ》つき

形のにた字
体　休む

ちがいはどこかな？

▼書きじゅん　1〜7

体 にんべん　7画

▼おぼえましょう

▼なぞりましょう
体が大きい
人の体

月　　日

▼なぞりましょう ▼書きじゅん ▼おぼえましょう

きょうかしょ上 107 ページ

半

長く

読み方

ハン

なかば

つかい方

半分《はんぶん》ずつ

朝《あさ》の七時半《しちじはん》

試合《しあい》の半《なか》ば

でき方

牛を二つに分ける形から、「はんぶん」をあらわす字。

書きじゅん：1 2 3 4 5

十《じゅう》

5画

半分に切る

半年すぎた

▼なぞりましょう ▼書きじゅん ▼おぼえましょう

きょうかしょ上 107 ページ

長

長く

読み方

チョウ

なが い

つかい方

校長先生《こうちょうせんせい》

長所《ちょうしょ》

かみが長《なが》い

はんたいの字

長い

短《みじか》い（三年生でならうよ。）

書きじゅん：1 2 3 4 5 6 7 8

長《ながい》

8画

長い時間

足が長い

▼なぞりましょう ▼書きじゅん ▼おぼえましょう

きょうかしょ上 109 ページ

顔

ななめに

読み方

ガン

かお

つかい方

洗顔《せんがん》する

顔色《かおいろ》がよい

横顔《よこがお》

形のにた字

頭　顔

ちがいはどこかな？

書きじゅん：1 2 3 4 5 6 7 8 9 10 11 12 13 14〜16 17 18

頁《おおがい》

18画

顔をむける

わらい顔

▼なぞりましょう ▼書きじゅん ▼おぼえましょう

きょうかしょ上 111 ページ

紙

はねる

読み方

シ

かみ

つかい方

本《ほん》の表紙《ひょうし》

紙《かみ》しばい

手紙《てがみ》を書《か》く

いみ

糸（いとへん）があるのは、「かみ」をせんいで作ったから。

書きじゅん：1 2 3 4 5 6 7 8 9 10

糸《いとへん》

10画

紙に書く

紙ねんど

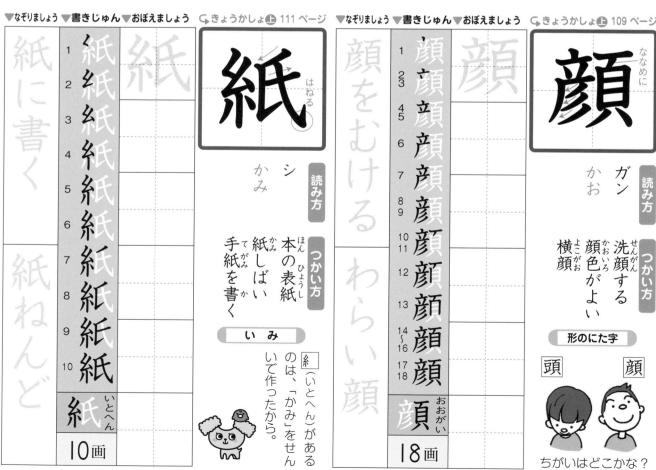

月　　日

▼なぞりましょう ▼書きじゅん ▼おぼえましょう　きょうかしょ上 111 ページ

谷

あける　つける

読み方
たに
◆コク

つかい方
谷川《たにがわ》の水《みず》
ふかい谷《たに》
谷間《たにま》

組になる字

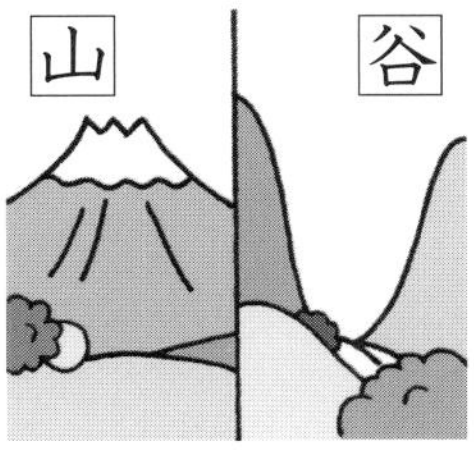

1 谷 2 谷 3 谷 4 谷 5 谷 6 谷 7 谷

谷《たに》

7画

谷川の水
ビルの谷間

▼なぞりましょう ▼書きじゅん ▼おぼえましょう　きょうかしょ上 111 ページ

岩

ひらたく

読み方
ガン
いわ

つかい方
岩石《がんせき》
大《おお》きな岩《いわ》
岩山《いわやま》

でき方

山と石で、「山のように大きな石」のいみをあらわす字。

岩

1 岩 2 岩 3 岩 4 岩 5 岩 6 岩 7 岩 8 岩

岩《やま》

8画

大きな岩
岩かげ

漢字《かん》クイズ 6

右の三つの絵から、「夏」という漢字が思いうかぶね。つぎの①と②の絵から思いうかぶ字を、下からえらんで○でかこもう。

①

長	岩
園	夏

②

新	丸
光	図

答え14ページ

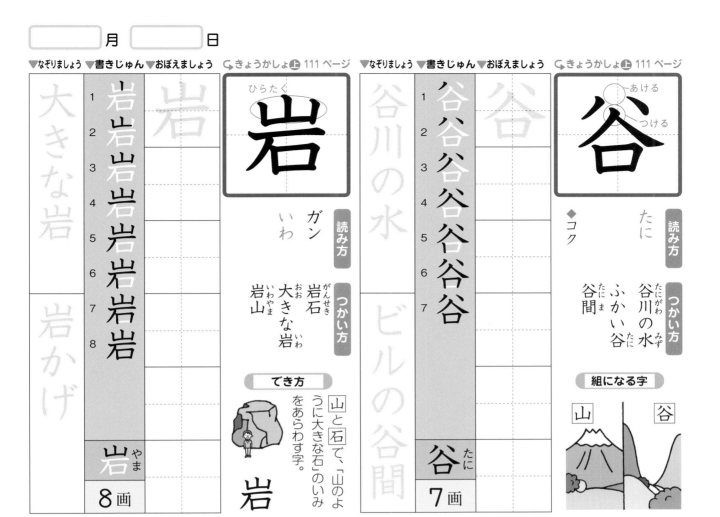

月　日

ぴったり2 れんしゅう

わにのおじいさんのたからもの

きょうかしょ 上105～111ページ
答え 7ページ

1 漢《かん》字を読みましょう。

① クイズに頭をひねる。

② 野山を行く。

③ 体をきたえる。

④ うれしそうな顔。

⑤ 頭がいたい。

⑥ じょうぶな体。

⑦ 顔をあらう。

2 □に漢字を書きましょう。

① □《はん》□《ぶん》だけ見せる。

② □《なが》い道のり。

③ □《かみ》くずをすてる。

④ □《たに》ぞこにおちる。

⑤ □《いわ》□《やま》にのぼる。

⑥ □《はん》□《つき》がたつ。

⑦ キリンはくびが□《なが》い。

⑧ □《て》□《がみ》をもらう。

⑨ □《たに》□《がわ》の水をのむ。

⑩ 大きな□《いわ》をくだく。

⑪ □《こう》□《ちょう》先生に会う。

⑫ 古い□《しん》□《ぶん》□《し》。

はんたいのいみの言葉、にたいみの言葉

きょうかしょ 上118ページ

さあ、はじめましょう!

新しく学しゅうする漢字

強 弱 細

強

▼なぞりましょう ▼書きじゅん ▼おぼえましょう
↩きょうかしょ 上 118 ページ

つける・はねる・とめる

読み方
キョウ
つよい
つよまる
つよめる
◆ゴウ・しいる

つかい方
強弱（きょうじゃく）
力（ちから）が強（つよ）い
風（かぜ）が強（つよ）まる

はんたいの字
弱（よわ）い　強（つよ）い

書きじゅん
1 強
2 強
3 弓
4 弓
5 弓
6 強
7 強
8 強
9 強
10 強
11 強

弓（ゆみへん）
11画

なぞりましょう
語気が強い
力が強い
強いかぜ
気が強い
強い

細

▼なぞりましょう ▼書きじゅん ▼おぼえましょう
↩きょうかしょ 上 118 ページ

とめる

読み方
サイ
ほそい
ほそる
こまか
こまかい

つかい方
竹細工（たけざいく）
細い糸（ほそ・いと）
細かい雨（こま・あめ）

はんたいの字
太（ふと）い　細（ほそ）い

書きじゅん
1 細
2 糸
3 糸
4 糸
5 糸
6 糸
7 細
8 細
9 細
10 細
11 細

糸（いとへん）
11画

なぞりましょう
細くのびる
細いえだ

弱

▼なぞりましょう ▼書きじゅん ▼おぼえましょう
↩きょうかしょ 上 118 ページ

むきにちゅうい

読み方
ジャク
よわい
よわる
よわまる
よわめる

つかい方
弱点（じゃくてん）
力（ちから）が弱（よわ）い
体（からだ）が弱（よわ）る

はんたいの字
弓

「弱」と「強」ははんたいなのに、どちらも弓があるね。

書きじゅん
1 弱
2 弱
3 弓
4 弱
5 弱
6 弱
7 弱
8 弱
9 弱
10 弱

弓（ゆみへん）
10画

なぞりましょう
体が弱い
弱ってくる

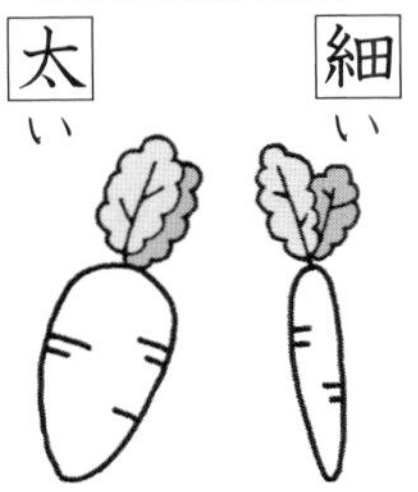

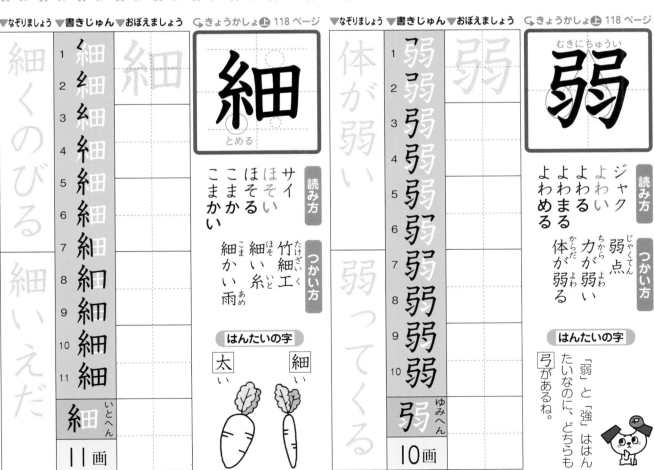

町の「すてき」をつたえます

きょうかしょ
上120〜123ページ

新しく学しゅうする漢字

声に出して読んでみよう！

科

▼なぞりましょう

とくい科目

生活科

科学ざっし

内科に行く

▼書きじゅん ▼おぼえましょう

1 ㇀
2 ㇀一
3 千
4 禾
5 禾
6 科
7 科
8 科
9 科

科（のぎへん）

9画

きょうかしょ上 120 ページ

科 とめる

カ

読み方

つかい方
教科書
学校の科目
科学

形のにた字
料（りょう）　科

（四年生でならうよ。）

ちがいはどこかな？

科
室
理
知

▼なぞりましょう ▼書きじゅん ▼おぼえましょう

理かいする

理

しゅう理

▼書きじゅん
1 理
2 理
3 理
4 理
5 理
6 理
7 理
8 理
9 理
10 理
11 理

理（おうへん）

11画

きょうかしょ上 122 ページ

理 長く

リ

読み方

つかい方
理由を言う
りょう理
理科室

いみ
①ものごとのどうり
　「理由」
　「理科」
②ととのえる
　「りょう理」
　「しゅう理」

▼なぞりましょう ▼書きじゅん ▼おぼえましょう

室内に入る

室

じっけん室

▼書きじゅん
1 室
2 室
3 室
4 室
5 室
6 室
7 室
8 室
9 室

室（うかんむり）

9画

きょうかしょ上 121 ページ

室 とめる　下を長く

シツ
◆むろ

読み方

つかい方
教室に入る
図書室の本
室内の空気

いみ
室や家の穴（う）（かんむり）は、「いえ」をあらわします。

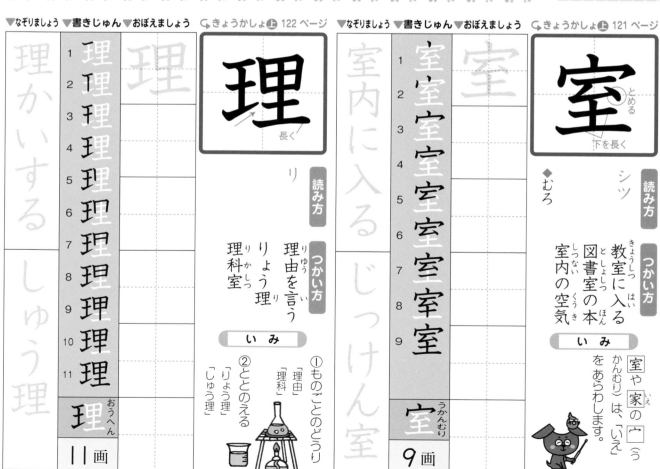

月　日

▼なぞりましょう　▼書きじゅん　▼おぼえましょう　きょうかしょ上 123 ページ

知

出さない
とめる
はらう

読み方
チ
しる

つかい方
知人《ちじん》に会《あ》う
知《し》らせる
もの知《し》り

でき方
矢《や》と口で、やのようにすばやく理かいすることをあらわす。

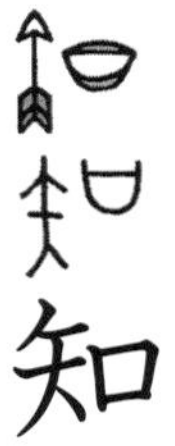

1 ノ　2 ㇐　3 ㇐　4 丿　5 ㇏　6 丨　7 ㇕　8 ㇐

知（矢へん《やへん》）
8画

知らん顔
知り合い

☆とくべつな読み方をする言葉《ば》

言葉
大人《おとな》

つかい方
大人《おとな》と子ども

漢字クイズ 7

右の二つの絵から考えられる漢字は、なんだろう。「山」と「石」だから、答えは「岩」だね。
では、つぎの絵から、漢字を考えてみよう。

答え14ページ

①

②

③

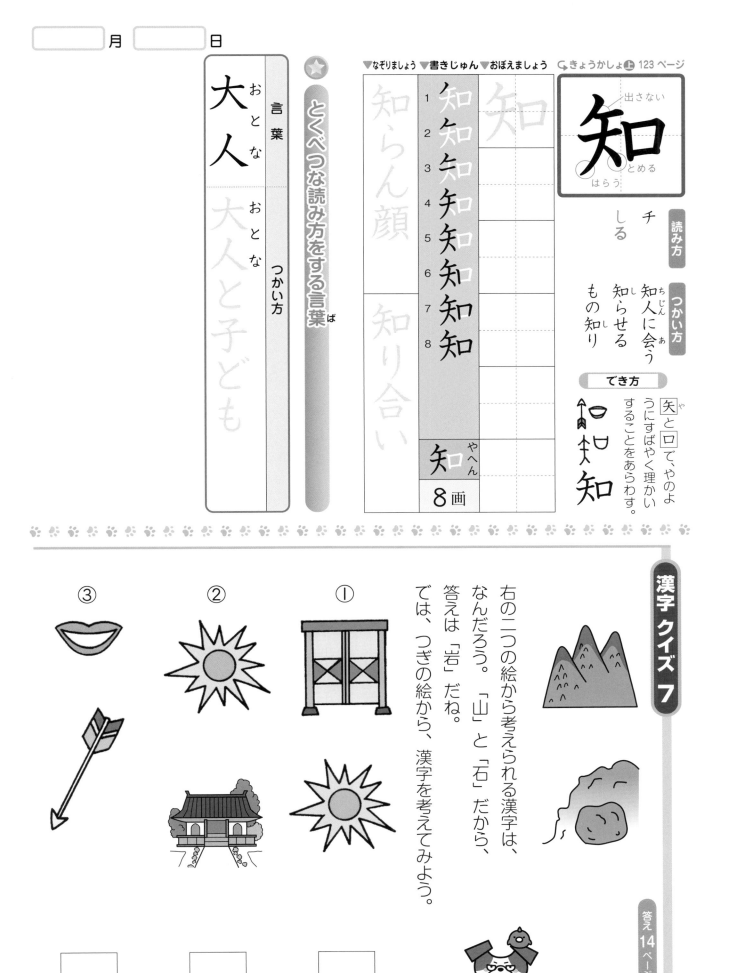

ぴったり2 れんしゅう

はんたいのいみの言葉《ば》、にたいみの言葉
町の「すてき」をつたえます

きょうかしょ
上118〜123ページ
答え
7ページ

月　　日

1 漢《かん》字を読みましょう。

① 理科室でじっけんする。（　）

② 大人のりょう金。（　）

③ とくいな科目。（　）

④ 室内に入る。（　）

⑤ 理ゆうをたずねる。（　）

⑥ 科学のしんぽ。（　）

⑦ 大人と子ども。（　）

2 □に漢字を書きましょう。

① □《つよ》い体をもつ。

② 雨が□《よわ》くなる。

③ □《ほそ》いひもでむすぶ。

④ もの□《し》りの人。

⑤ □□《きょうりょく》なみかた。

⑥ てきの□□《じゃくてん》。

⑦ やさいを□《こま》かく切る。

⑧ □《し》らせをうける。

⑨ 日ざしが□《つよ》い。

⑩ □《よわ》いかぜがふく。

⑪ きれいな□□《さいく》。

⑫ 答えを□《し》っている。

月　日

ぴったり1 じゅんび

さけが大きくなるまで
おもしろいもの、見つけたよ

きょうかしょ 下8〜30ページ

☆ 新しく学しゅうする漢字

北 魚 秋 冬 広 食 帰 東 西 南 少

やってみましょう！

▼なぞりましょう ▼書きじゅん ▼おぼえましょう

きょうかしょ 下 8ページ

北

はねる

読み方

ホク
きた

つかい方

北《ほっ》きょく点《てん》
東北《とうほく》地方《ちほう》
北風《きたかぜ》がふく

なかまの字

☆方角《がく》の漢字

北
西《にし》　東《ひがし》
南《みなみ》

書きじゅん：1 北　2 北　3 北　4 北　5 北

北 ひ

5画

北国生まれ
北回き線
北の大地
北とみなみ

▼なぞりましょう ▼書きじゅん ▼おぼえましょう

きょうかしょ 下 8ページ

魚

むきにちゅうい

読み方

ギョ
うお
さかな

つかい方

金魚《きんぎょ》をかう
魚市場《うおいちば》
魚《さかな》《うお》つり

でき方

さかなの形からできた。

書きじゅん：1 魚　2 魚　3 魚　4 魚　5 魚　6 魚　7 魚　8 魚　9 魚　10 魚　11 魚

魚 うお

11画

魚をやく
魚のなかま

▼なぞりましょう ▼書きじゅん ▼おぼえましょう

きょうかしょ 下 8ページ

秋

とめる　はらう

読み方

シュウ
あき

つかい方

秋分《しゅうぶん》の日《ひ》
秋《あき》まつり
秋風《あきかぜ》がふく

ちゅうい

○秋
×秌

形に気をつけて書こう。

書きじゅん：1 秋　2 秋　3 秋　4 秋　5 秋　6 秋　7 秋　8 秋　9 秋

秋 のぎへん

9画

春と秋
秋のもみじ

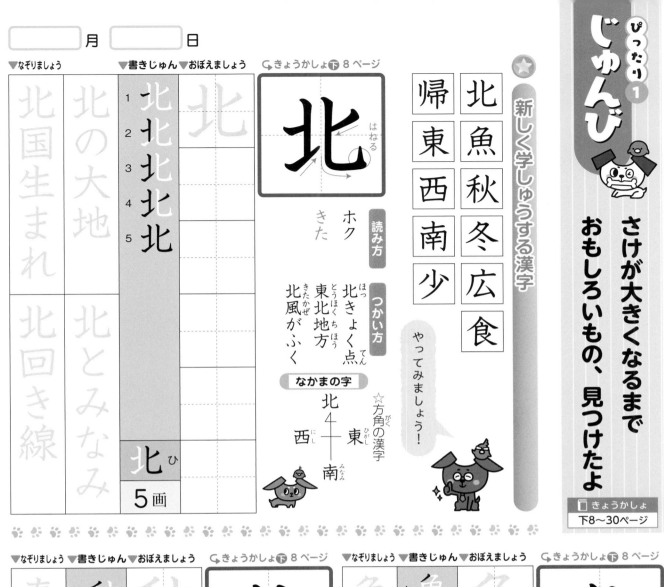

月　日

▼なぞりましょう ▼書きじゅん ▼おぼえましょう　きょうかしょ㊦10ページ

冬

はらう　はらう

書きじゅん：1 冬　2 冬　3 冬　4 冬　5 冬

冬（にすい）　5画

なぞりましょう：さむい冬　冬じたく

読み方
トウ
ふゆ

つかい方
冬《とう》みん
冬休《ふゆやす》み
冬山《ふゆやま》

はんたいの字

「冬」と「夏」ははんたいなのに、どちらも夂があるんだな。

▼なぞりましょう ▼書きじゅん ▼おぼえましょう　きょうかしょ㊦13ページ

広

とめる

書きじゅん：1 広　2 広　3 広　4 広　5 広

广（まだれ）　5画

なぞりましょう：広い野はら　顔が広い

読み方
コウ
ひろい
ひろまる
ひろめる
ひろがる
ひろげる

つかい方
広大《こうだい》な空《そら》
広《ひろ》い海《うみ》
手《て》を広《ひろ》げる

い　み

広や店《みせ》の广(まだれ)は、「やね」をあらわすよ。

▼なぞりましょう ▼書きじゅん ▼おぼえましょう　きょうかしょ㊦13ページ

食

つける　はらう

書きじゅん：1 食　2 食　3 食　4 食　5 食　6 食　7 食　8 食　9 食

食（しょく）　9画

なぞりましょう：魚を食べる　食べもの

読み方
ショク
くう
たべる
◆ジキ
◆くらう

つかい方
食事《しょくじ》の時間《じかん》
虫食《むしく》い
パンを食《た》べる

組になる字

食べる

飲《の》む

(三年生でならうよ。)

▼なぞりましょう ▼書きじゅん ▼おぼえましょう　きょうかしょ㊦14ページ

帰

とめる　はらう　はねる

書きじゅん：1 帰　2 帰　3 帰　4 帰　5 帰　6 帰　7 帰　8 帰　9 帰　10 帰

巾（はば）　10画

なぞりましょう：先に帰る　早く帰る

読み方
キ
かえる
かえす

つかい方
帰《き》たくする
家《いえ》へ帰《かえ》る
家《いえ》に帰《かえ》す

組になる字

帰る

来《く》る

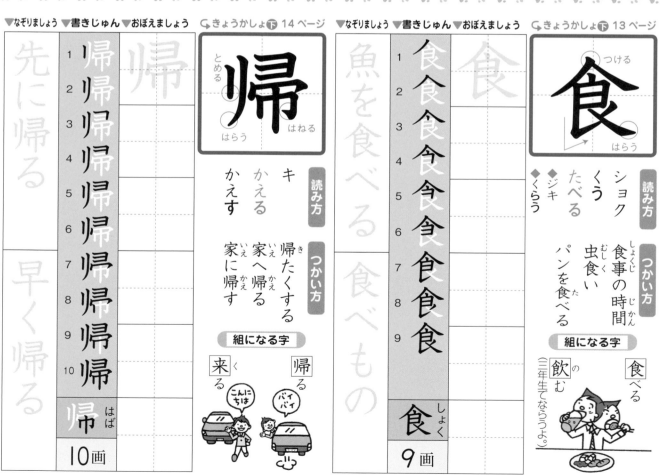

月　日

▼なぞりましょう ▼書きじゅん ▼おぼえましょう

きょうかしょ下 18 ページ

西

出さない

読み方
セイ
サイ
にし

つかい方
西洋《せいよう》
東西《とうざい》
西日《にしび》がさす

ちゅうい
○西　×襾
形に気をつけて書こうね。

書きじゅん：1 西 2 西 3 西 4 西 5 西 6 西

西 にし

6画

西日が強い
西の空

▼なぞりましょう ▼書きじゅん ▼おぼえましょう

きょうかしょ下 18 ページ

東

つき出す
はらう
とめる

読み方
トウ
ひがし

つかい方
関東地方《かんとうちほう》
東《ひがし》の空《そら》
東《ひがし》むきの家

はんたいの字
東　西《にし》

書きじゅん：1 東 2 東 3 東 4 東 5 東 6 東 7 東 8 東

東 き

8画

東にむかう
東がわ

▼なぞりましょう ▼書きじゅん ▼おぼえましょう

きょうかしょ下 30 ページ

少

はねる

読み方
ショウ
すくない
すこし

つかい方
少年少女《しょうねんしょうじょ》
数《かず》が少《すく》ない
少《すこ》しだけ

いみのにた字
少　ない
小　さい

書きじゅん：1 少 2 少 3 少 4 少

少 しょう ちいさい

4画

少しちがう
少しずつ

▼なぞりましょう ▼書きじゅん ▼おぼえましょう

きょうかしょ下 18 ページ

南

出さない
はねる

読み方
ナン
みなみ
◆ナ

つかい方
南国《なんごく》
南《みなみ》むき
南《みなみ》の方《ほう》

はんたいの字
北　南

書きじゅん：1 南 2 南 3 南 4 南 5 南 6 南 7 南 8 南 9 南

南 じゅう

9画

南をむく
南かぜ

ぴったり2 れんしゅう

さけが大きくなるまで おもしろいもの、見つけたよ

きょうかしょ 下8～30ページ
答え 7ページ

月　日

1 漢字《かん》を読みましょう。

① 北国（　）でくらす。

② 学校から帰（　）る。

③ 東（　）にむかう。

④ 西（　）からきた人。

⑤ 南（　）の王さま。

⑥ 東北（　）地方。

⑦ 南西（　）のかぜ。

2 □に漢字を書きましょう。

① □《さかな》つりをする。

② □《あき》のごちそう。

③ □《ふゆ》山にのぼる。

④ □《ひろ》い海でおよぐ。

⑤ □《た》べものが足りない。

⑥ □《すこ》しえんりょする。

⑦ □《うお》市場。

⑧ □《しゅう》□《ぶん》の日。

⑨ □《ふゆ》□《やす》みが楽しみだ。

⑩ □《ひろ》□《ば》であそぶ。

⑪ パンを□《た》べる。

⑫ のこりが□《すく》ない。

月　日

ぴったり2 れんしゅう

さけが大きくなるまで おもしろいもの、見つけたよ

きょうかしょ 下8～30ページ
答え 8ページ

1 漢字を読みましょう。

① 魚（　　）をつかまえる。

② 秋（　　）まつりの日。

③ 冬休（　　）みが近い。

④ 広（　　）い公園。

⑤ りんごを 食（　　）べる。

⑥ 少（　　）しきゅうくつだ。

⑦ 小魚（　　）のふりかけ。

2 □に漢字を書きましょう。

① □《きた》にむかう。

② いえに□《かえ》る。

③ □《ひがし》の国にすむ人。

④ □《にし》にりょこうする。

⑤ □《みなみ》のかぜがふく。

⑥ 学校の□《かえ》り道。

⑦ □《とう》□《ざい》□《なん》□《ぼく》

⑧ 日本に□《き》□《こく》する。

⑨ □《ひがし》のみやこ。

⑩ □《にし》□《び》がさす。

⑪ □《なん》□《ごく》の人。

⑫ □《きた》からかぜがふく。

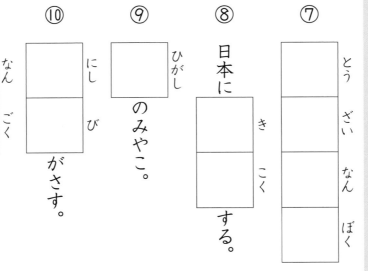

ないた赤おに

新しく学しゅうする漢《かん》字

家 角 当 戸 首 茶 引 毎 遠 後

きょうかしょ 下34～46ページ

月　日

▼なぞりましょう ▼書きじゅん ▼おぼえましょう　きょうかしょ下34ページ

家

はねる

読み方　カ・ケ　いえ　や

つかい方　画家《がか》・家来《けらい》　家《いえ》をたてる　家《や》ちん

でき方

家

家 はぶたの形。大切なかちくをかういえをあらわした字。

家 うかんむり　10画

家の近く　わたしの家　家に帰る　新しい家

▼なぞりましょう ▼書きじゅん ▼おぼえましょう　きょうかしょ下35ページ

当

出さない

読み方　トウ　あたる　あてる

つかい方　当番《とうばん》　くじが当《あ》たる　手当《てあ》てする

はんたいの字

外れる　当たる

当 しょう　6画

本当のこと　当分の間

▼なぞりましょう ▼書きじゅん ▼おぼえましょう　きょうかしょ下35ページ

角

はねる　出さない

読み方　カク　かど　つの

つかい方　三角形《さんかくけい》　まがり角《かど》　牛《うし》の角《つの》

でき方

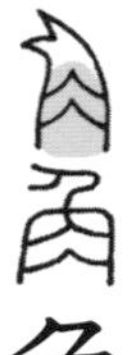

角

どうぶつのつの、つのの形からできた。

角 つの　7画

おにの角　二本の角

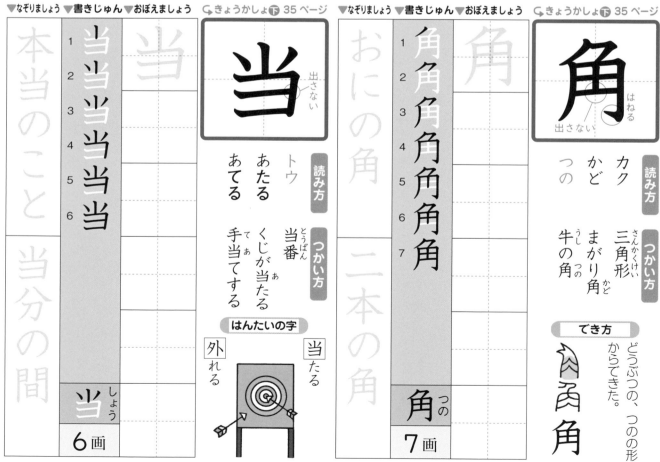

月　　日

▼なぞりましょう ▼書きじゅん ▼おぼえましょう　きょうかしょ㊦ 36 ページ

戸

はらう

読み方
コ
と

つかい方
戸外《こがい》へ出《で》る
雨戸《あまど》
戸《と》じまり

でき方
門の左のとびらの形からできた。

書きじゅん 1 2 3 4

戸《と》 4画

戸をあける
ガラス戸

▼なぞりましょう ▼書きじゅん ▼おぼえましょう　きょうかしょ㊦ 37 ページ

首

長く
ななめに

読み方
シュ
くび

つかい方
日本《にっぽん》の首都《しゅと》
キリンの首《くび》
首《くび》をふる

でき方
かみの毛が生えた人の、くびから上の形からできた。

書きじゅん 1 2 3 4 5 6 7 8 9

首《くび》 9画

首をひねる
びんの首

▼なぞりましょう ▼書きじゅん ▼おぼえましょう　きょうかしょ㊦ 40 ページ

茶

あける

読み方
チャ
◆サ

つかい方
お茶《ちゃ》をのむ
茶《ちゃ》わん
茶《ちゃ》の間《ま》

い　み
お茶の木はしょくぶつだから、艹（くさかんむり）があるよ。

書きじゅん 1 2 3 4 5 6 7 8 9

茶《くさかんむり》 9画

茶色のふく
お茶づけ

▼なぞりましょう ▼書きじゅん ▼おぼえましょう　きょうかしょ㊦ 40 ページ

引

はねる

読み方
イン
ひく
ひける

つかい方
太陽《たいよう》の引力《いんりょく》
線《せん》を引《ひ》く
気《き》が引《ひ》ける

でき方
弓と丨（まっすぐひいた形）を組み合わせた字。

書きじゅん 1 2 3 4

引《ゆみへん》 4画

目を引く
つな引き

▼なぞりましょう▼書きじゅん▼おぼえましょう　きょうかしょ下 40ページ

毎

長く　はねる　とめる

読み方
マイ

つかい方
毎日《まいにち》のこと
毎朝《まいあさ》の食事《しょくじ》
毎週《まいしゅう》の月曜《げつよう》

ちゅうい
○毎　×毎
下のぶぶんは「母」ではないよ。

1 毎 2 毎 3 毎 4 毎 5 毎 6 毎

毎 なかれ

6画

毎年さく花
毎ばん

▼なぞりましょう▼書きじゅん▼おぼえましょう　きょうかしょ下 41ページ

遠

ひとふでで書く　とめる

読み方
エン
とおい
◆オン

つかい方
遠足《えんそく》に行《い》く
遠《とお》いむかし
遠《とお》くの人《ひと》

なかまの字
☆⻌がある漢字《かん》
遠　近　週　道　通

1 遠 2 3 遠 4 遠 5 6 遠 7 遠 8 遠 9 遠 10 遠 11 遠 12 遠 13 遠

遠 しんにょう しんにゅう

13画

家まで遠い
遠くの国

▼なぞりましょう▼書きじゅん▼おぼえましょう　きょうかしょ下 46ページ

後

とめる　はらう

読み方
ゴ・コウ
のち
うしろ
あと
◆おくれる

つかい方
前後《ぜんご》・後方《こうほう》
くもり後《のち》雨《あめ》
後《うし》ろむき

ちゅうい
○後　×後　×係
形に気をつけて書こう。

1 後 2 後 3 後 4 後 5 後 6 後 7 後 8 後 9 後

後 ぎょうにんべん

9画

前と後ろ
後ろを見る

漢字クイズ 8

なぞなぞを出すよ。
よく考えて答えよう。

「門に　耳を　入れて、なにしてるの？」

いている

答え14ページ

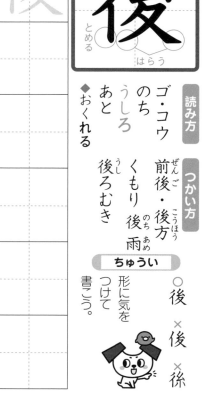

月　日

ぴったり2 れんしゅう

ないた赤おに

1 漢字を読みましょう。

① 家（　　）をたてる。

② おにの角（　　）。

③ 本当（　　）のできごと。

④ 戸（　　）じまりをする。

⑤ おばあさんの手を引（　　）く。

⑥ ゆうめいな音楽家（　　）。

⑦ 目を三角（　　）にする。

2 □に漢字を書きましょう。

① □《くび》をよこにふる。

② お□《ちゃ》をのむ。

③ □《まい》□《にち》やること。

④ □《えん》□《そく》に行く。

⑤ □《うし》ろからくる。

⑥ キリンの□《くび》。

⑦ □《ちゃ》□《いろ》いリボン。

⑧ □《とお》くにむかう。

⑨ □《ぜん》□《ご》を気にする。

⑩ □《まい》□《しゅう》くる人。

⑪ □《とお》いむかし。

⑫ □《あと》でわかる。

きょうかしょ 下34～46ページ
答え 8ページ

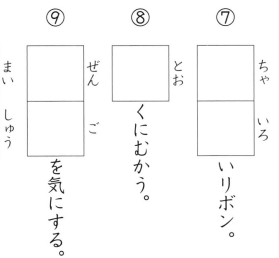

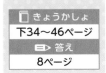

月　日

「お話びじゅつかん」を作ろう
「クラスお楽しみ会」をひらこう

教科書 下56～60ページ

★新しく学しゅうする漢《かん》字

教 交 多

教科書 下 56 ページ

教（はねる　はらう）

読み方
キョウ
おしえる
おそわる

つかい方
教科書《きょうかしょ》
教《おし》え方《かた》
人《ひと》に教《おそ》わる

いみ

▼書きじゅん▼おぼえましょう

1 教 2 教 3 教 4 教 5 教 6 教 7 教 8 教 9 教 10 教 11 教

教（のぶん・ぼくづくり）

11画

▼なぞりましょう

教いくする
教室に入る
教科書の図
父のせっ教

教科書 下 56 ページ

交（あける　とめる　はらう）

読み方
コウ
まじわる
まじえる
まじる・まざる
まぜる
◆かう・かわす

つかい方
交代《こうたい》する
道《みち》が交《まじ》わる
入《い》り交《ま》じる

でき方
人が足をまじわらせた形からできた。

▼書きじゅん▼おぼえましょう

1 交 2 交 3 交 4 交 5 交 6 交

交（なべぶた・けいさんかんむり）

6画

▼なぞりましょう

交通じこ
交さ点

教科書 下 60 ページ

多（下をやや大きく）

読み方
タ
おおい

つかい方
多数《たすう》
数《かず》が多《おお》い
人出《ひとで》が多《おお》い

はんたいの字

▼書きじゅん▼おぼえましょう

1 多 2 多 3 多 4 多 5 多 6 多

夕（ゆうべ・た）

6画

▼なぞりましょう

車が多い
多くの人

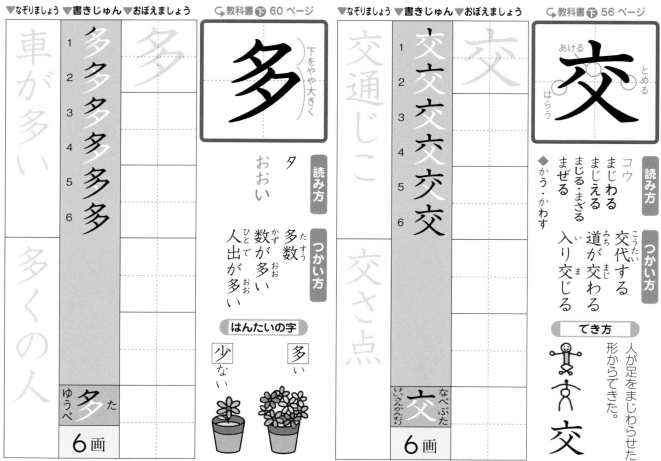

漢字のつかい方と読み方

教科書 下66〜67ページ

★ 新しく学しゅうする漢字

船 晴 社 歩 売 計 肉

ちょうせんしましょう！

晴

とめる はねる

▼なぞりましょう ▼書きじゅん ▼おぼえましょう
教科書下 66 ページ

読み方
セイ
はれる
はらす

つかい方
晴天（せいてん）
晴れた日（ひ）
気晴らし（きば）

でき方
日（たいよう）と青（青い空）とを組み合わせた字。

1 日
2 日
3 日
4 日
5 日
6 日
7 8 晴
9 晴
10 晴
11 晴
12 晴

晴（ひへん）
12画

空が晴れる
心が晴れる
晴れわたる
気が晴れる

歩

はねる

▼なぞりましょう ▼書きじゅん ▼おぼえましょう
教科書下 66 ページ

読み方
ホ
あるく
あゆむ
◆ブ・フ

つかい方
歩道（ほどう）
にわを歩く（ある）
人の歩み（ひと・あゆ）

組になる字
走る（はし）　歩く（ある）

1 歩
2 歩
3 歩
4 歩
5 歩
6 歩
7 歩
8 歩

歩（とめる・とまる）
8画

山道を歩く
歩き回る

社

長く とめる

▼なぞりましょう ▼書きじゅん ▼おぼえましょう
教科書下 66 ページ

読み方
シャ
やしろ

つかい方
会社づとめ（かいしゃ）
明るい社会（あか・しゃかい）
古い社（ふる・やしろ）

いみ
①人のあつまり「会社」「社会」
②おみや「じん社」「古い社」

1 社
2 社
3 社
4 社
5 社
6 社
7 社

社（しめすへん）
7画

会社を出る
社会のため

月　日

▼なぞりましょう ▼書きじゅん ▼おぼえましょう　教科書下 67ページ

計（たてに長く）

計画を立てる / 会計がかり

書きじゅん: 1〜9　計
9画　計（ごんべん）

読み方
ケイ
はかる
はからう

つかい方
数の合計
時間を計る
とり計らう

なかまの字
語　記　計
話　読
☆言がある漢字

▼なぞりましょう ▼書きじゅん ▼おぼえましょう　教科書下 67ページ

売（上を長く／はらう／はねる）

顔が売れる / 高く売れる

書きじゅん: 1〜7　売
7画　売（さむらい）

読み方
バイ
うる
うれる

つかい方
えきの売店
売り買い
よく売れる

はんたいの字
買う　売る

▼なぞりましょう ▼書きじゅん ▼おぼえましょう　教科書下 67ページ

船（あける／はらう／はねる）

船にのる / わたし船

書きじゅん: 1〜11　船
11画　船（ふねへん）

読み方
セン
ふね
ふな

つかい方
赤い風船
船の汽てき
船のり

ちゅうい
船が出る→船出
船のたび→船たび
読み方に気をつけて。

▼なぞりましょう ▼書きじゅん ▼おぼえましょう　教科書下 67ページ

肉（つき出す／とめる／はねる）

肉をやく / 肉りょう理

書きじゅん: 1〜6　肉
6画　肉（にく）

読み方
ニク

つかい方
肉屋さん
ぶた肉
肉を食べる

でき方
切りとったにくのかたまりの形からできた。
肉

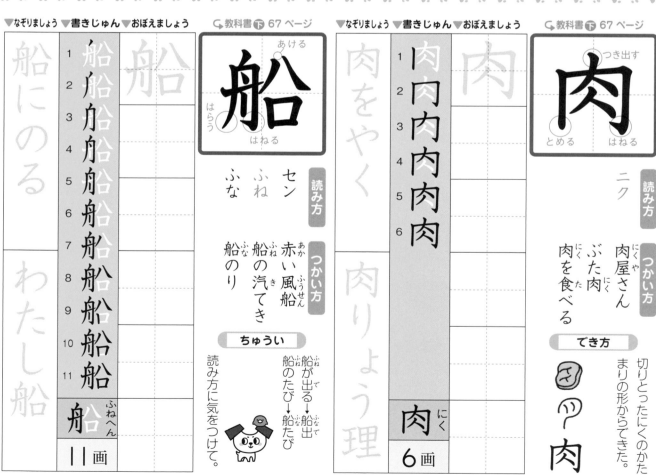

ぴったり2 れんしゅう

「お話びじゅつかん」を作ろう
「クラスお楽しみ会」をひらこう
漢字のつかい方と読み方

教科書 下56〜67ページ
答え 8ページ

月　日

1 漢字を読みましょう。

① わたしの教室。（　　）
② ろうかを歩く。（　　）
③ おこめが売り切れる。（　　）
④ おみせで肉をかう。（　　）
⑤ やり方を教える。（　　）
⑥ おうだん歩道。（　　）
⑦ お肉を食べる。（　　）

2 □に漢字を書きましょう。

① □《こう》□《つう》あんぜん。
② ごみが□《おお》い。
③ □《は》れた空。
④ □《かい》□《しゃ》ではたらく。
⑤ □《けい》□《さん》をする。
⑥ 新しい□《ふね》。

⑦ 道が□《こう》さする。
⑧ 雨の日が□《おお》い。
⑨ 気もちが□《は》れる。
⑩ □《しゃ》□《かい》に出る。
⑪ □《けい》□《かく》をねる。
⑫ たくましい□《せん》□《ちょう》。

一年生で学んだ漢《かん》字③

教科書 下68ページ
答え 8ページ

□月 □日

1 漢字を読みましょう。

①（　）早くおきる。

②（　）音が聞こえる。

③（　）木の下で休む。

④（　）手をたたく。

⑤（　）ひきだしの中。

⑥（　）大きな声を出す。

⑦（　）犬をかっている。

2 □に漢字を書きましょう。

① □《てん》までとどけ。

② 外を□《み》る。

③ □《おう》さまのめいれい。

④ □《め》を丸くする。

⑤ □《じ》を書く。

⑥ □《ぶん》しょうを読む。

⑦ □《ちい》さな子ども。

⑧ □《き》もちのいい朝。

⑨ □《みみ》をすます。

⑩ あしたは□《あめ》のよほうだ。

⑪ □《あし》をふみならす。

⑫ つくえの□《うえ》。

ぴったり1 じゅんび

ジャンプロケットを作ろう

教科書 下74ページ

新しく学しゅうする漢字

何回もくりかえして書こう！

台

月　日

なぞりましょう　書きじゅん　おぼえましょう　教科書 下 74ページ

台（とめる）

読み方
ダイ
タイ

つかい方
台《だい》の上《うえ》
土台《どだい》
ぶ台《たい》に立《た》つ

ちゅうい
「台風」を「だいふう」と読まないように気をつけましょう。「たいふう」が正しい読みです。

書きじゅん：1 2 3 4 5

台（くち）　5画

なぞりましょう：げきの台本　台どころ　ふみ台　家の土台

漢字クイズ 9

絵を見ると、漢字に足りないところがあるのが分かるね。書きくわえて、正しい字にしよう。

答え14ページ

①

中

②

早

③

口

④

弓

⑤
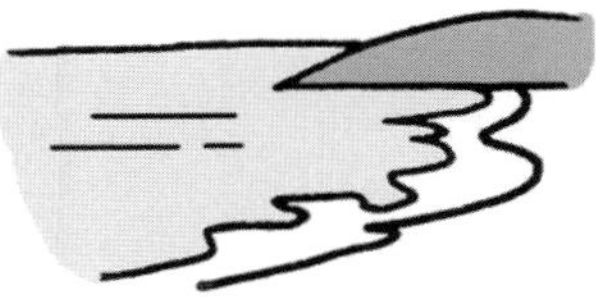
毎

⑥

九

冬のチャレンジテスト①

時間 30分

／100

ごうかく 80点

教科書 上96〜下74ページ

答え 9ページ

1 ——線の漢字《かん》の読みがなを書きましょう。 一つ2点（22点）

① 理科室（　　）によってから帰（　　）る。

② 毎日（　　）あついお茶（　　）をのむ。

③ 会社（　　）まで歩（　　）いて行く。

④ 紙（　　）を半分（　　）におる。

⑤ えき前の広場（　　）。

⑥ 夕食（　　）のハンバーグ。

⑦ 弓矢（　　）をもってたたかう。

2 つぎの文につかうとき、正しい漢字は｛　｝の中のどちらですか。○でかこみましょう。 一つ2点（12点）

① ｛交通・文通｝あんぜん。

② 一人の｛少年・小年｝が町にやってきた。

③ ｛牛肉・牛内｝を食べる。

④ やり方を｛数・教｝わる。

⑤ ｛休・体｝をうごかす。

⑥ ｛新聞・親聞｝を読む。

3 あとの□からなかまの言葉《ば》を見つけて、□の数だけ漢字で書きましょう。 一つ3点（33点）

① きせつをあらわす。 □□□□

② 方角をあらわす。 □□□□

③ 一日のうちの時間をあらわす。 □□□

よる　はる　ひる
はな　あき　ひがし
くさ　あさ　なつ
いと　みなみ　きた
にし　ふゆ

4 つぎの□に、漢字を書きましょう。 一つ3点（33点）

① □《の》□《やま》で□《とり》がなく。

② □《ふね》で□《さかな》をつる。

③ □《いえ》は□《とお》くにある。

④ □《は》れた日が□《おお》い。

⑤ □《きょう》□《じゃく》をつける。

⑥ □《かお》をあらう。

⑦ □《ほん》□《とう》におどろく。

冬のチャレンジテスト②

時間 30分

／100

ごうかく 80点

教科書 上96～下74ページ

答え 9ページ

1 ――線の漢《かん》字の読みがなを書きましょう。 一つ2点（22点）

① 牛肉（　　）を 食（　　）べる。

② 計算（　　）のやり方を 知（　　）っている。

③ 市場（　　）で 魚（　　）をかう。

④ 電気（　　）をつける。

⑤ 首（　　）をたてにふる。

⑥ 交通（　　）あんぜん。

⑦ 毎週（　　）ここから 船（　　）にのる。

2 赤いぶぶんをさいしょに書く漢字には、○をつけましょう。そうではない漢字には、×をつけましょう。 一つ2点（24点）

① 室（　）

② 南（　）

③ 鳥（　）

④ 歩（　）

⑤ 半（　）

⑥ 岩（　）

⑦ 谷（　）

⑧ 門（　）

⑨ 光（　）

⑩ 毛（　）

⑪ 売（　）

⑫ 北（　）

3 上の言葉《ば》とはんたいのいみの言葉を、漢字をつかって書きましょう。

一つ3点（24点）

① 外れる ― □たる

② せまい ― □い

③ 強い ― □い

④ 新しい ― □い

⑤ みじかい ― □い

⑥ おす ― □く

⑦ 少ない ― □い

⑧ 前 ― □ろ

4 つぎの□に、漢字を書きましょう。

一つ3点（30点）

① うちは、そこの□《かど》にある□《いえ》だ。

② □《あま》□《ど》をあけて□《かお》を出す。

③ きのうから□《あたま》がいたい。

④ □《だい》の上をきれいにふく。

⑤ □《ちゃ》□《いろ》のスカートをはく。

⑥ □《かえ》りに、より道をする。

⑦ □《ひがし》から強いかぜがふく。

⑧ □《えん》□《そく》を楽しみにする。

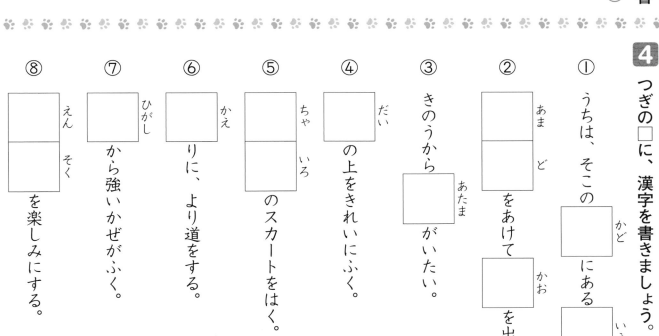

かさこじぞう

教科書 下89～104ページ

新しく学しゅうする漢字《かん》

買 店 原 来 風 雪 米 歌 止 池 里 寺 麦

月　日

買

教科書 下 89 ページ

買（ひらたく　はらう　とめる）

読み方
バイ
かう

つかい方
売買《ばいばい》する
本《ほん》を買《か》う
買《か》いもの

ちゅうい
×覓　○買
下の「貝」は、お金のいみなんだよ。

▼書きじゅん ▼おぼえましょう
1 2 3 4 5 6 7 8 9 10 11 12
買 かい
12画

▼なぞりましょう
買いしめる
パンを買う
本を買う
土地を買う

店

教科書 下 91 ページ

店（はらう）

読み方
テン
みせ

つかい方
書店《しょてん》
店《みせ》を出《だ》す
店先《みせさき》

ちゅうい
○店　×宮　×店
形に気をつけて書きましょう。

▼書きじゅん ▼おぼえましょう
1 2 3 4 5 6 7 8
店 まだれ
8画

▼なぞりましょう
店の中
店をあける

原

教科書 下 92 ページ

原（とめる　はらう　はねる）

読み方
ゲン
はら

つかい方
広い草原《そうげん》
草原《くさはら》の中《なか》
原《はら》っぱ

いみ
①もと「原し人」「原いん」
②のはら「草原」「原っぱ」

▼書きじゅん ▼おぼえましょう
1 2 3 4 5 6 7 8 9 10
原 がんだれ
10画

▼なぞりましょう
原っぱ
広い野原

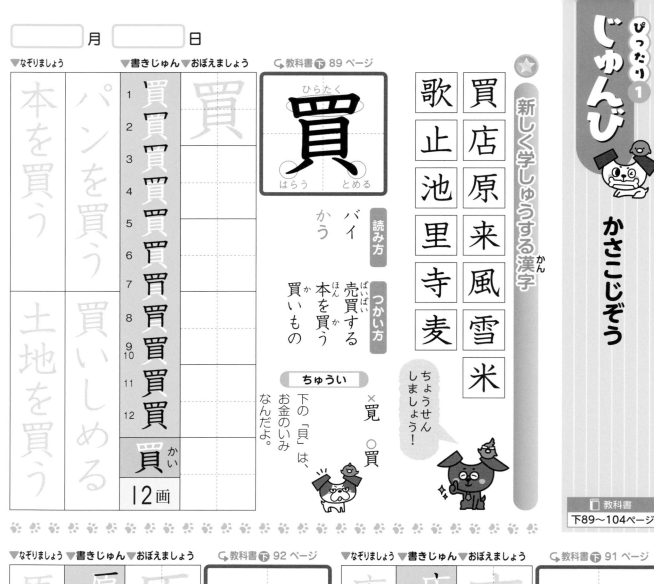

月　　日

▼なぞりましょう ▼書きじゅん ▼おぼえましょう

教科書 下 92 ページ

風

はらう　はねる

読み方

フウ
かぜ
かざ
◆フ

つかい方

台風《たいふう》
風《かぜ》が強《つよ》い
風上《かざかみ》に立《た》つ

組になる字

雨　風

書きじゅん

1 風
2 風
3 風
4 風
5 風
6 風
7 風
8 風
9 風

風 かぜ

9画

風がふく
強い風

▼なぞりましょう ▼書きじゅん ▼おぼえましょう

教科書 下 92 ページ

来

下を長く
とめる　はらう

読み方

ライ
くる
◆きたる
◆きたす

つかい方

来月《らいげつ》
バスが来《く》る
春《はる》が来《き》た

ちゅうい

「来《こ》ない」

「来《く》る」

「来《き》た」

下の言い方によって、読み方がかわるんだ。

書きじゅん

1 来
2 来
3 来
4 来
5 来
6 来
7 来

木 き

7画

冬が来る
人が来る

▼なぞりましょう ▼書きじゅん ▼おぼえましょう

教科書 下 97 ページ

米

つけない
つける

読み方

ベイ
マイ
こめ

つかい方

米国《べいこく》
新米《しんまい》をたく
米《こめ》をとぐ

でき方

いねのほに、こめがみのった形からできた。

書きじゅん

1 米
2 米
3 米
4 米
5 米
6 米

米 こめ

6画

米をとぐ
米つぶ

▼なぞりましょう ▼書きじゅん ▼おぼえましょう

教科書 下 93 ページ

雪

出さない

読み方

セツ
ゆき

つかい方

新雪《しんせつ》
雪《ゆき》がっせん
雪《ゆき》どけ

形のにた字

雲《くも》　雪

ちがいはどこかな？

書きじゅん

1 雪
2 雪
3 雪
4 雪
5 雪
6 雪
7 雪
8 雪
9 雪
10 雪
11 雪

雨 あめかんむり

11画

雪のふる朝
雪だるま

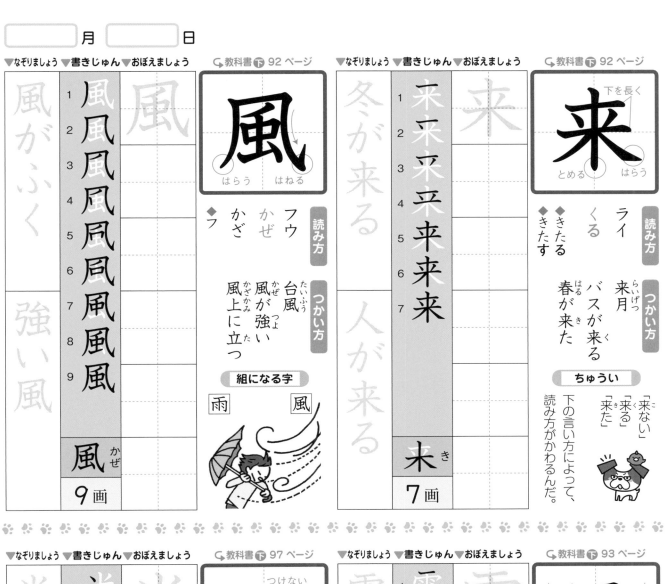

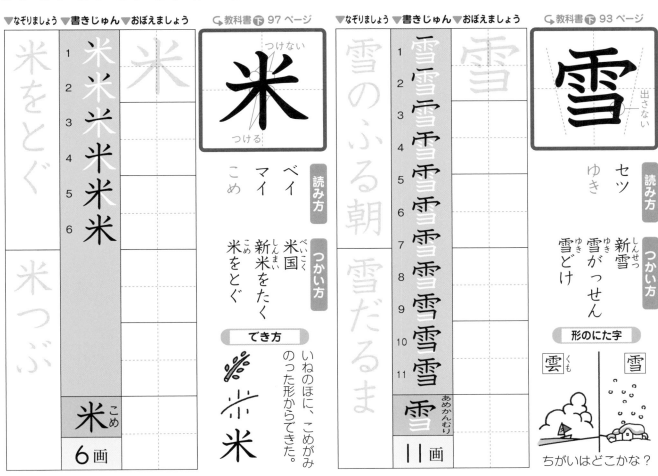

月　日

歌

▼なぞりましょう ▼書きじゅん ▼おぼえましょう

教科書 下 99 ページ

歌

とめる
はねる

読み方
カ
うた
うたう

つかい方
学校《がっこう》の校歌《こうか》
明《あか》るい歌声《うたごえ》
歌《うた》を歌《うた》う

ちゅうい
可のぶぶんは、一のつぎに口を書くよ。

書きじゅん：1 2 3 4 5 6〜9 10 11 12 13 14

歌　あくび　かける

14画

二人で歌う
大声で歌う

止

▼なぞりましょう ▼書きじゅん ▼おぼえましょう

教科書 下 99 ページ

止

長く
みじかく

読み方
シ
とまる
とめる

つかい方
中止《ちゅうし》になる
立《た》ち止《ど》まる
かゆみ止《ど》め

はんたいの字
止まる
動《うご》く
（三年生でならうよ。）

書きじゅん：1 2 3 4

止　とめる

4画

行き止まり
車が止まる

池

▼なぞりましょう ▼書きじゅん ▼おぼえましょう

教科書 下 104 ページ

池

長めに
はねる

読み方
チ
いけ

つかい方
ちょ水池《すいち》
池《いけ》のこい
ため池《いけ》

形のにた字
地　池

ちがいはどこかな？

書きじゅん：1 2 3 4 5 6

氵　さんずい

6画

池におちる
ふかい池

里

▼なぞりましょう ▼書きじゅん ▼おぼえましょう

教科書 下 104 ページ

里

出さない
下を長く

読み方
リ
さと

つかい方
きょう里《り》
里《さと》いも
村里《むらざと》

でき方
田と土を組み合わせた字。「山あいの村。ふるさと。」のいみ。

里

書きじゅん：1 2 3 4 5 6 7

里　さと

7画

人里
里の風けい

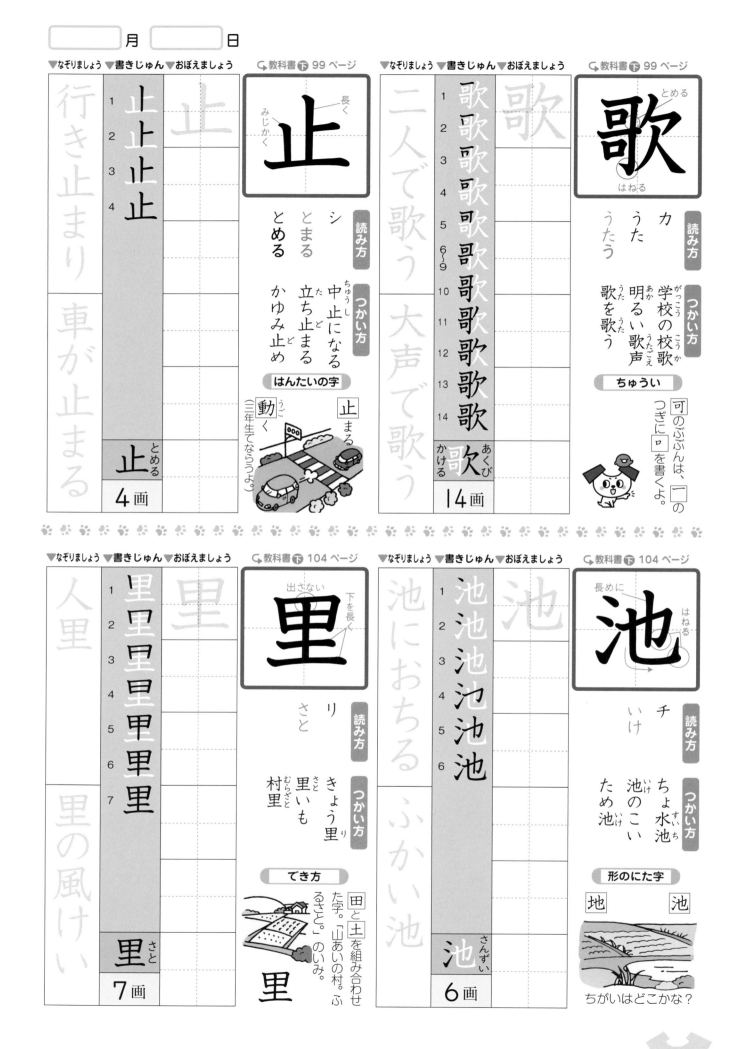

月　日

なぞりましょう　書きじゅん　おぼえましょう
教科書下 104ページ

寺

長く　はねる

読み方
ジ
てら

つかい方
古寺《こじ》
お寺《てら》まいり
山寺《やまでら》

組になる字
寺
社《やしろ》（じん社）

1 寺　2 寺　3 寺　4 寺　5 寺　6 寺

寺《すん》
6画

古いお寺
寺にまいる

なぞりましょう　書きじゅん　おぼえましょう
教科書下 104ページ

麦

長く　はらう

読み方
むぎ
◆バク

つかい方
麦《むぎ》わら
麦《むぎ》ばたけ
麦茶《むぎちゃ》をのむ

なかまの字
☆こくもつの漢《かん》字
麦
米

1 麦　2 麦　3 麦　4 麦　5 麦　6 麦　7 麦

麦《むぎ》
7画

小麦色
麦がそだつ

漢字クイズ10

二人が思いうかべている漢字には、一つだけ、なかまはずれの字があるよ。その字を見つけて、○でかこもう。

①
青　赤
白　光
黄　黒《くろ》

②
目　才　口
足　耳
手　顔

答え14ページ

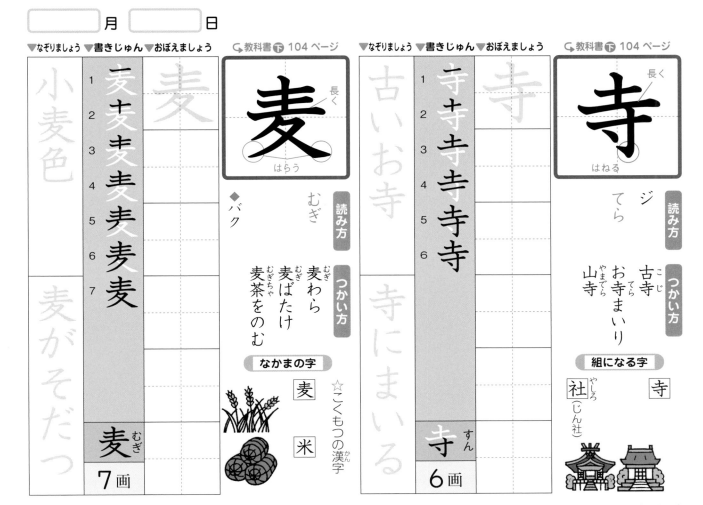

かるたであそぼう

教科書 下107ページ

新しく学しゅうする漢《かん》字《じ》

京

月　　日

教科書 下 107 ページ

読み方

キョウ
◆ケイ

つかい方

東京《とうきょう》
京《きょう》都《と》
上京《じょうきょう》する

でき方

おかの上にたてものがある形から、国の中心をあらわした。

▼書きじゅん▼おぼえましょう

1 京 2 京 3 京 4 京 5 京 6 京 7 京 8 京

京 なべぶた けいさんかんむり

8画

▼なぞりましょう

東京にすむ
京人形
上京する
京のみやこ

漢字クイズ 11

右の漢字は、いちぶがかくれているけど、「雨」という字だと分かるかな？
つぎの漢字も、しっかり見分けよう。

①  □

②  □

③  □

④  □

⑤  □

⑥  □

答え14ページ

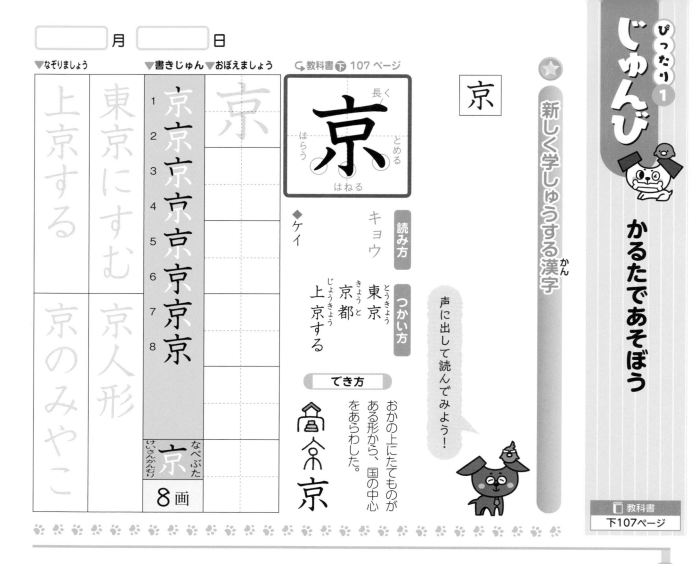

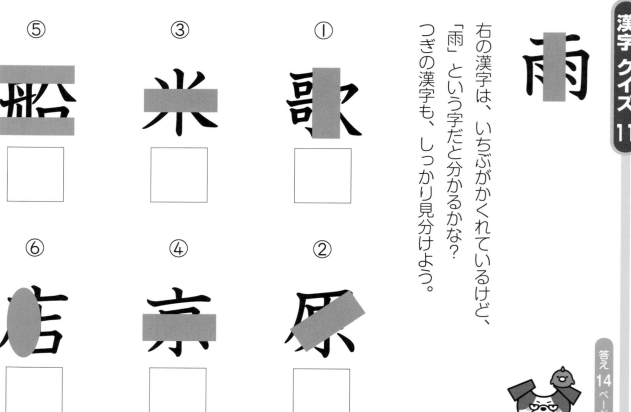

ぴったり2 れんしゅう

かさこじぞう かるたであそぼう

1 漢字を読みましょう。

①（　　）ケーキを買う。

②（　　）広い店の中。

③（　　）友だちが来る。

④（　　）大声で歌う。

⑤（　　）里いもをゆでる。

⑥（　　）お寺のおしょうさん。

⑦（　　）東京へむかう。

2 □に漢字を書きましょう。

① 広い□《の》□《はら》。

② 雨と□《かぜ》が強い。

③ □《ゆき》がつもる。

④ おいしいお□《こめ》。

⑤ □《いけ》の水鳥たち。

⑥ □《むぎ》から作ったお茶。

⑦ □《そう》□《げん》の中。

⑧ そよ□《かぜ》がふく。

⑨ □《ゆき》□《やま》がきれいだ。

⑩ □《べい》□《こく》に行く。

⑪ □《でん》□《ち》を入れかえる。

⑫ □《こ》□《むぎ》をそだてる。

教科書 下89〜107ページ
答え 10ページ

ぴったり2 れんしゅう

かさこじぞう
かるたであそぼう

月　日

1 漢《かん》字を読みましょう。

① 原っぱであそぶ。（　）

② さわやかな風。（　）

③ 雪がふる。（　）

④ 大きなため池。（　）

⑤ 野原に花がさく。（　）

⑥ 北風がふく。（　）

⑦ 雪山に入る。（　）

2 □に漢字を書きましょう。

① 花を□《か》う。

② □《みせ》のおきゃくさん。

③ □《こめ》をたく。

④ みんなで□《うた》う。

⑤ 道で立ち□《ど》まる。

⑥ 人□《ざと》をはなれる。

⑦ □《てら》のこぞうさん。

⑧ □《むぎ》□《ちゃ》をのむ。

⑨ □《きょう》のみやこ。

⑩ □《か》いものに出かける。

⑪ 大すきな□《うた》。

⑫ 計画を□《ちゅう》□《し》する。

教科書 下89〜107ページ
答え 10ページ

月　日

主語《しゅ》とじゅつ語

教科書 下111ページ

新しく学しゅうする漢字

番　雲

あせらずに、ゆっくりとれんしゅうしましょう！

番

教科書下 111 ページ

とめる

読み方：バン

つかい方：
そうじ当番《とうばん》
電話《でんわ》番号《ばんごう》
テレビ番組《ばんぐみ》

いみ
①じゅんばん「番ごう」「当番」
②みはり「交番」「番人」

番（た）　12画

なぞりましょう：そうじ当番　番茶をのむ　町の交番　家の番地

雲

教科書下 111 ページ

下を長く　とめる

読み方：ウン　くも

つかい方：
せきらん雲《うん》
入道雲《にゅうどうぐも》
黒《くろ》い雨雲《あまぐも》

でき方
雨と云（ゆげの形、くもの形）を組み合わせた字。

雲（あめかんむり）　12画

なぞりましょう：雲がわく　雲の上

漢字クイズ 12

なぞなぞを出すよ。
よく考えて答えよう。

「少し止まっているみたいだけど、なにしているの？」

□いている

答え14ページ

月　日

ぴったり1 じゅんび

こんなことができるようになったよ

教科書 下115～119ページ

新しく学しゅうする漢《かん》字

走　直　用

教科書 下 115 ページ

走

下を長く　つける

読み方
ソウ
はしる

つかい方
きょう走《そう》
走《はし》り回《まわ》る
走《はし》り書《が》き

でき方

人がはしるようすと、足の形からできた。

書きじゅん　1〜7　走《はしる》　7画

なぞりましょう
広場で走る
車が走る
走りさる
走り高とび

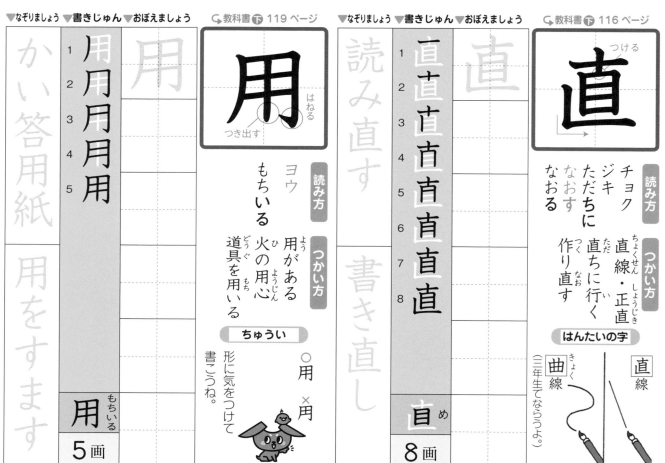

教科書 下 116 ページ

直

つける

読み方
チョク
ジキ
ただちに
なおす
なおる

つかい方
直線《ちょくせん》・正直《しょうじき》
直《ただ》ちに行《い》く
作《つく》り直《なお》す

はんたいの字

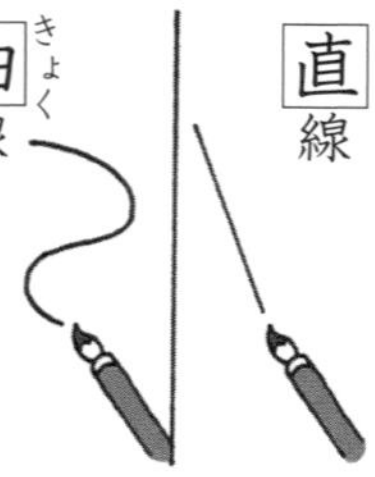

直線
曲《きょく》線
（三年生でならうよ。）

書きじゅん　1〜8　直《め》　8画

なぞりましょう
読み直す
書き直し

教科書 下 119 ページ

用

はねる　つき出す

読み方
ヨウ
もちいる

つかい方
用《よう》がある
火《ひ》の用心《ようじん》
道具《どうぐ》を用《もち》いる

ちゅうい
○用
×用
形に気をつけて書こうね。

書きじゅん　1〜5　用《もちいる》　5画

なぞりましょう
かい答用紙
用をすます

月　日

ぴったり2 れんしゅう

主語《しゅ》とじゅつ語

こんなことができるようになったよ

教科書 下111〜119ページ
答え 10ページ

1 漢字を読みましょう。

①（　）交番で道をたずねる。

②（　）ひこうき雲。

③（　）車が走る。

④（　）雲の切れ間。

⑤（　）新しく書き直す。

⑥（　）画用紙にかく。

⑦（　）直角に線を引く。

2 □に漢字を書きましょう。

① テレビ□《ばん》□《ぐみ》がおわる。

② □《くも》の上。

③ 百メートル□《はし》る。

④ 文しょうを書き□《なお》す。

⑤ 大切な□《よう》がある。

⑥ じゅん□《ばん》にならぶ。

⑦ 空の□《くも》にのりたい。

⑧ 家まで□《はし》りつづける。

⑨ □《ちょく》□《せん》を引く。

⑩ 火の□《よう》□《じん》。

⑪ □《いち》□《ばん》すきな人。

⑫ □《あま》□《ぐも》が広がる。

音や様子《よう》をあらわす言葉《ば》
組み合わせてできている漢字《かん》

教科書 下120〜122ページ

★新しく学しゅうする漢字

鳴　明　刀

書いてみましょう！

教科書 下 120ページ

鳴

小さく　むきにちゅうい

読み方
メイ
なく
なる
ならす

つかい方
悲鳴《ひめい》
鳥《とり》の鳴《な》き声《ごえ》
ふえが鳴《な》る

でき方

鳥と口を合わせて、なくことをあらわした字。

▼書きじゅん
1〜14 鳴
鳴 とり
14画

▼おぼえましょう
鳴

▼なぞりましょう
鳥が鳴く
犬の鳴き声
セミが鳴く
ねこが鳴く

教科書 下 122ページ

明

小さく　はらう　はねる

読み方
メイ・ミョウ
あかり・あかるい
あかるむ
あからむ
あきらか・あける
あく・あくる
あかす

つかい方
発明《はつめい》する
明《あか》るい光《ひかり》
夜《よ》が明《あ》ける

はんたいの字

（三年生でならうよ。）

▼書きじゅん
1〜8 明
日 ひへん
8画

▼おぼえましょう
明

▼なぞりましょう
せつ明する
はつ明家

教科書 下 122ページ

刀

出さない　はねる

読み方
トウ
かたな

つかい方
日本刀《にほんとう》
刀《かたな》で切《き》る
小刀《こがたな》

でき方

かたなの形からできた。

▼書きじゅん
1〜2 刀
刀 かたな
2画

▼おぼえましょう
刀

▼なぞりましょう
刀をぬく
するどい刀

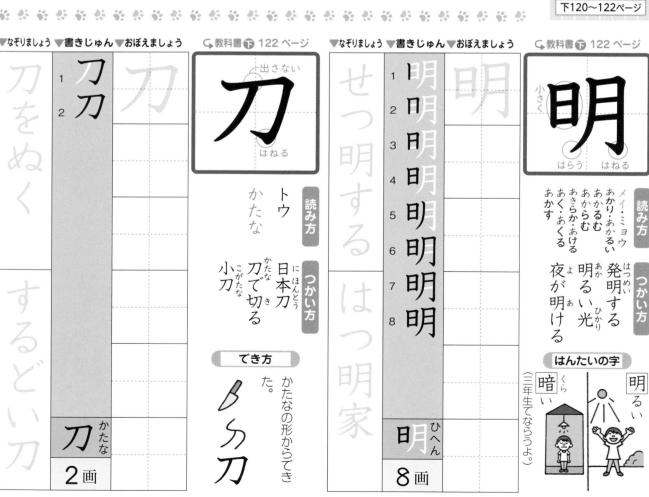

月　日

ぴったり2 れんしゅう

一年生で学んだ漢字④

1 漢字を読みましょう。

① 赤（　）いぼうし。

② 女（　）の人。

③ 町（　）にむかう。

④ しずかな村（　）。

⑤ 右（　）にまがる。

⑥ 花（　）がさく。

⑦ 新しい車（　）。

2 □に漢字を書きましょう。

① □《そら》を見上げる。

② きれいな□《ゆう》やけ。

③ □《た》んぼをたがやす。

④ □《くさ》かりをする。

⑤ □《ひだり》がわによる。

⑥ □《あお》いワンピース。

⑦ □《こ》どもとあそぶ。

⑧ □《はやし》の木を切る。

⑨ 遠くに□《やま》が見える。

⑩ □《もり》のおくふかく。

⑪ たくましい□《おとこ》。

⑫ 明るい□《ひ》がさす。

教科書 下124ページ
答え 10ページ

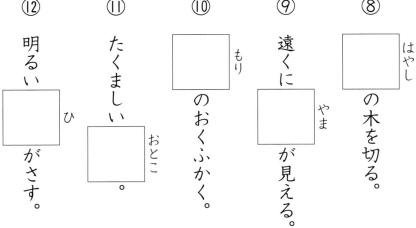

アレクサンダとぜんまいねずみ

教科書 下132〜142ページ

月　日

★ 新しく学しゅうする漢字《かん》

午　黒

教科書 下 132ページ

午

出さない　長く

読み方
ゴ

つかい方
午前《ごぜん》七時《しちじ》
午後《ごご》五時《ごじ》
正午《しょうご》

いみ

午前
正午
午後

れんしゅうしましょう！

▼書きじゅん
1 2 3 4
午《じゅう》
4画

▼おぼえましょう
午

▼なぞりましょう
正午
午後三時
午前と午後
子午線

教科書 下 142ページ

黒

下を長く
むきにちゅうい

読み方
コク
くろ
くろい

つかい方
黒板《こくばん》に書《か》く
まっ黒《くろ》
はら黒《ぐろ》い人《ひと》

はんたいの字
白　黒

▼書きじゅん
1 2 3 4 5 6 7 8 9 10 11
黒《くろ》
11画

▼おぼえましょう
黒

▼なぞりましょう
黒と白
黒インク

漢字クイズ 13

絵を見て、漢字に足りないところを書きくわえて、正しい漢字にしましょう。

①

也

②

氏

答え14ページ

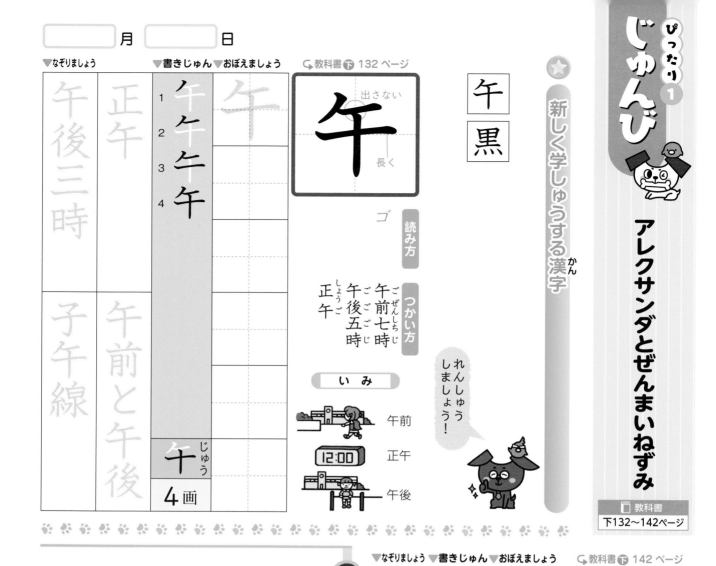

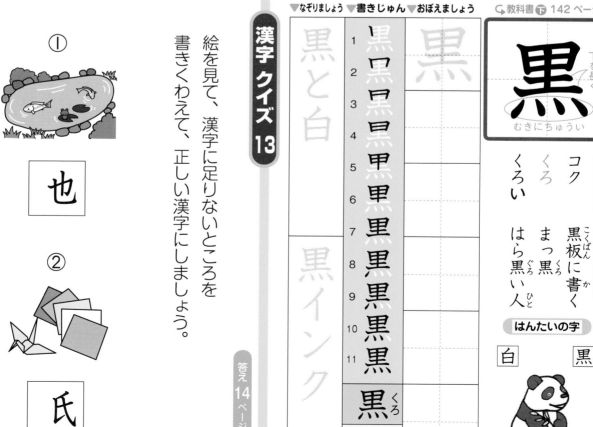

　月　日

ぴったり2 れんしゅう

音や様《よう》子をあらわす言葉《ば》
組み合わせてできている漢字
アレクサンダとぜんまいねずみ

教科書 下120～142ページ
答え 11ページ

1 漢字を読みましょう。

①（　）小鳥の鳴き声。

②（　）せつ明を聞く。

③（　）刀をふり上げる。

④（　）午前七時におきる。

⑤（　）黒えんぴつ。

⑥（　）おなかが鳴る。

⑦（　）夜が明ける。

2 □に漢字を書きましょう。

① 子犬が□《な》く。

② ラジオをはつ□《めい》する。

③ 長い□《かたな》で切る。

④ □《しょう》□《ご》すぎに出かける。

⑤ 目を□《しろ》□《くろ》させる。

⑥ □《みみ》□《な》りがする。

⑦ □《あか》るい光。

⑧ むかしの日本□《とう》。

⑨ □《ご》□《ご》三時のおやつ。

⑩ □《くろ》いシャツをきる。

⑪ かねが□《な》りやまない。

⑫ 木□《とう》でれんしゅうする。

春のチャレンジテスト

時間 30分

／100

ごうかく 80点

教科書 下75〜142ページ

こたえ 11ページ

1 ——線の漢字《かん》の読みがなを書きましょう。 一つ2点（26点）

① お寺（　）からおぼうさんが来（　）る。

② 午後（　）から雨雲（　）が出てくる。

③ 風（　）にのって歌声（　）が聞こえる。

④ とけいを直（　）す。

⑤ 小麦（　）からパンを作る。

⑥ 一番（　）になる。

⑦ とちゅうで止（　）める。

⑧ 明（　）るい光がさす。

⑨ 鳥の鳴（　）き声。

⑩ 買（　）いものをする。

2 つぎの漢字を組み合わせると、どんな漢字ができますか。□に書きましょう。 一つ2点（14点）

① 日＋寺＝□

② 日＋青＝□

③ 王＋里＝□

④ 竹＋合＝□

⑤ 止＋少＝□

⑥ 言＋五＋口＝□

⑦ 立＋木＋見＝□

3 一つの言葉《ば》になるように、上と下を——線でむすびましょう。

一つ3点（30点）

①

上		下
あ 雲・		・風
い 麦・		・茶
う 当・		・線
え 直・		・海
お 北・		・番

②

上		下
あ 校・		・止
い 来・		・池
う 中・		・歌
え 電・		・後
お 午・		・週

4 つぎの□に、漢字を書きましょう。

一つ3点（30点）

① □□《とうきょう》にある□《みせ》。

② □□《のはら》に□《ゆき》がふる。

③ □□□《がようし》を□《くろ》くぬる。

④ 学校まで□《はし》る。

⑤ □《こめ》をとぐ。

⑥ 古い□□□《にほんとう》。

⑦ □□《むらざと》にすむ人。

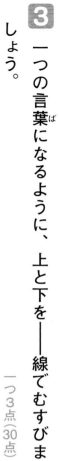

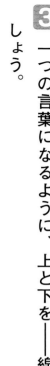

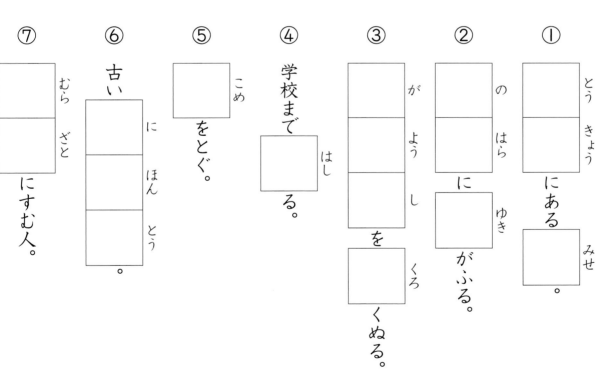

読み方さくいん

◆二年生で ならう 漢《かん》字の 読みを ぜんぶ のせて います。
◆かたかなは 音読み、ひらがなは くん読みです。
◆*の 読みは 小学校では ならわない 読み方です。
◆すう字は この 本で 出て くる ページです。

あ

あいだ 間 25
あう 会 12
あう 合 37
あかす 明 88
あからむ 明 88
あかり 明 88
あかるい 明 88
あかるむ 明 88
あき 秋 59
あきらか 明 88
あく 明 88
あくる 明 88
あける 明 88
あさ 朝 3
あたま 頭 51
あたらしい 新 44
あたる 当 64
あてる 当 64
あと 後 66
あに 兄 29
あね 姉 29
あゆむ 歩 69
あらた 新 44
あるく 歩 69
あわす 合 37
あわせる 合 37
*アン 行 35

い

いう 言 6
いえ 家 64
いく 行 35
いけ 池 80
いち 市 45
いま 今 6
いもうと 妹 30
いろ 色 5
いわ 岩 53
イン 引 65

う

*ウ 羽 14
うお 魚 59
うし 牛 44
うしろ 後 66
うた 歌 80
うたう 歌 80
うち 内 31
うま 馬 13
うみ 海 31
うる 売 70
うれる 売 70
ウン 雲 85

え

エ 絵 23
*エ 会 12
*エ 回 12
エン 園 9
エン 遠 66

お

オウ 黄 20
おおい 多 68
*おおやけ 公 9
*おくれる 後 66
おこなう 行 35
おしえる 教 68
おそわる 教 68
おとうと 弟 30
おなじ 同 10
おもう 思 5
おや 親 28
*オン 遠 66

か

カ 夏 31
カ 家 64
*カ 何 6
カ 科 56
カ 歌 80
ガ 画 12
カイ 絵 23
カイ 会 12
カイ 海 31
カイ 回 12
ガイ 外 20
かう 買 78
*かう 交 68
かえす 帰 60
かえる 帰 60
かお 顔 52
カク 画 12
カク 角 64
かく 書 2
ガク 楽 36
かざ 風 79
*かしら 頭 51
かず 数 13
かぜ 風 79
かぞえる 数 13
かた 方 14
かた 形 20
かたち 形 20
かたな 刀 88
かたらう 語 30
かたる 語 30
カッ 合 37
カツ 活 2
ガッ 合 37
かど 角 64
*かど 門 46
かみ 紙 52
かよう 通 5
からだ 体 51
*かわす 交 68
カン 間 25
ガン 元 37
ガン 岩 53
ガン 丸 34
ガン 顔 52
かんがえる 考 34

き

キ 記 2
キ 汽 10
キ 帰 60
き 黄 20
きく 聞 9
きこえる 聞 9
きた 北 59
*きたす 来 79
*きたる 来 79
*キュウ 弓 45
ギュウ 牛 44
ギョ 魚 59
キョウ 教 68
キョウ 兄 29
キョウ 京 82
キョウ 強 55
ギョウ 行 35
ギョウ 形 20
きる 切 35
きれる 切 35
キン 近 19
*キン 今 6

く

ク 工 14
くう 食 60
くに 国 23
くび 首 65
くみ 組 44
くむ 組 44
くも 雲 85
*くらう 食 60
くる 来 79
くろ 黒 90
くろい 黒 90

け

ケ 家 64
け 毛 45
*ゲ 夏 31
*ゲ 外 20
ケイ 形 20

読み	漢字	ページ
＊ケイ	兄	29
＊ケイ	京	82
ケイ	計	70
ケン	間	25
ゲン	言	6
ゲン	元	37
ゲン	原	78

こ

読み	漢字	ページ
コ	古	46
コ	戸	65
＊こ	黄	20
ゴ	後	66
ゴ	午	90
ゴ	語	30
コウ	行	35
＊コウ	黄	20
コウ	高	18
コウ	広	60
コウ	光	47
コウ	考	34
コウ	後	66
コウ	公	9
コウ	工	14
コウ	交	68
ゴウ	合	37
＊ゴウ	強	55
こえ	声	6
コク	黒	90
コク	国	23
＊コク	谷	53
こころ	心	35
こたえ	答	25
こたえる	答	25
こと	言	6
こまか	細	55
こまかい	細	55
こめ	米	79
＊こわ	声	6
コン	今	6
ゴン	言	6

さ

読み	漢字	ページ
サ	作	24
＊サ	茶	65
＊サイ	切	35
サイ	西	61
サイ	細	55
サイ	才	36
さかな	魚	59
サク	作	24
さと	里	80
サン	算	31

し

読み	漢字	ページ
シ	思	5
＊シ	姉	29
シ	紙	52
シ	止	80
シ	市	45
シ	自	19
＊シ	矢	46
ジ	時	37
ジ	寺	81
ジ	地	19
ジ	自	19
＊しいる	強	55
シキ	色	5
＊ジキ	食	60
ジキ	直	86
したしい	親	28
したしむ	親	28
シツ	室	56
シャ	社	69
ジャク	弱	55
シュ	首	65
シュウ	週	24
シュウ	秋	59
シュン	春	18
ショ	書	2
＊ショウ	声	6
＊ショウ	星	10
ショウ	少	61
ジョウ	場	35
ショク	色	5
ショク	食	60
しる	知	57
しるす	記	2
シン	親	28
シン	新	44
シン	心	35

す

読み	漢字	ページ
＊ス	数	13
ズ	図	24
ズ	頭	51
スウ	数	13
すくない	少	61
すこし	少	61

せ

読み	漢字	ページ
セイ	晴	69
セイ	声	6
セイ	西	61
セイ	星	10
セツ	雪	79
セツ	切	35
セン	線	13
セン	船	70
ゼン	前	23

そ

読み	漢字	ページ
ソ	組	44
ソウ	走	86
そと	外	20
＊その	園	9

た

読み	漢字	ページ
タ	太	34
タ	多	68
タイ	太	34
タイ	体	51
タイ	台	73
＊ダイ	内	31
ダイ	弟	30
ダイ	台	73
たか	高	18
たかい	高	18
たかまる	高	18
たかめる	高	18
ただちに	直	86
たに	谷	53
たのしい	楽	36
たのしむ	楽	36
たべる	食	60

ち

読み	漢字	ページ
チ	知	57
チ	池	80
チ	地	19
ちかい	近	19
ちち	父	29
チャ	茶	65
チュウ	昼	28
チョウ	長	52
チョウ	鳥	45
チョウ	朝	3
チョク	直	86

つ

読み	漢字	ページ
＊ツ	通	5
ツウ	通	5
つくる	作	24
つの	角	64
つよい	強	55
つよまる	強	55
つよめる	強	55

て

読み	漢字	ページ
＊デ	弟	30
＊テイ	体	51
＊テイ	弟	30
てら	寺	81
テン	店	78
テン	点	13
デン	電	46

と

読み	漢字	ページ
ト	図	24
＊ト	頭	51
と	戸	65
トウ	読	7
トウ	刀	88
トウ	頭	51
トウ	当	64
トウ	東	61
＊トウ	道	18
トウ	答	25
トウ	冬	60
ドウ	同	10
ドウ	道	18
とおい	遠	66
とおす	通	5
とおる	通	5
とき	時	37
トク	読	7
ドク	読	7
とまる	止	80
とめる	止	80
とも	友	3
とり	鳥	45

な

*ナ 南 61
ナイ 内 31
なおす 直 86
なおる 直 86
ながい 長 52
なかば 半 52
なく 鳴 88
なつ 夏 31
なに 何 6
ならす 鳴 88
なる 鳴 88
ナン 南 61
なん 何 6

に

にい 新 44
ニク 肉 70
にし 西 61

の

の 野 51
のち 後 66

は

は 羽 14
バ 馬 13
ば 場 35
バイ 買 78
バイ 売 70
はからう 計 70
*はかる 図 24
はかる 計 70
*バク 麦 81
はしる 走 86
はずす 外 20
はずれる 外 20
はなし 話 10
はなす 話 10
はね 羽 14
はは 母 29
はら 原 78
はらす 晴 69
はる 春 18
はれる 晴 69
ハン 半 52
*バン 万 30
バン 番 85

ひ

ひがし 東 61
ひかり 光 47
ひかる 光 47
ひく 引 65
ひける 引 65
ひる 昼 28
ひろい 広 60
ひろがる 広 60
ひろげる 広 60
ひろまる 広 60
ひろめる 広 60

ふ

*フ 風 79
*フ 歩 69
フ 父 29
ブ 分 19
*ブ 歩 69
フウ 風 79
ふとい 太 34
ふとる 太 34
ふな 船 70
ふね 船 70
ふゆ 冬 60
ふるい 古 46
ふるす 古 46
フン 分 19
ブン 分 19
ブン 聞 9

へ

ベイ 米 79

ほ

ホ 歩 69
ボ 母 29
ホウ 方 14
ほか 外 20
ホク 北 59
ほし 星 10
ほそい 細 55
ほそる 細 55

ま

ま 間 25
ま 馬 13
*マイ 妹 30
マイ 毎 66
マイ 米 79
まえ 前 23
まざる 交 68
まじえる 交 68
まじる 交 68
まじわる 交 68
まぜる 交 68
まる 丸 34
まるい 丸 34
まるめる 丸 34
まわす 回 12
まわる 回 12
マン 万 30

み

みずから 自 19
みせ 店 78
みち 道 18
みなみ 南 61
ミョウ 明 88

む

むぎ 麦 81
*むろ 室 56

め

メイ 明 88
メイ 鳴 88

も

モウ 毛 45
もちいる 用 86
もと 元 37
*モン 聞 9
モン 門 46

や

ヤ 夜 28
ヤ 野 51
や 家 64
や 矢 46
やしろ 社 69

ゆ

ユウ 友 3
ゆき 雪 79
ゆく 行 35
ゆみ 弓 45

よ

よ 夜 28
ヨウ 曜 3
ヨウ 用 86
よむ 読 7
よる 夜 28
よわい 弱 55
よわまる 弱 55
よわめる 弱 55
よわる 弱 55

ら

ライ 来 79
ラク 楽 36

り

リ 里 80
リ 理 56

わ

ワ 話 10
わかつ 分 19
わかる 分 19
わかれる 分 19
わける 分 19

この「丸つけラクラクかいとう」は　とりはずして　お使《つか》い　ください。

教科書ぴったりトレーニング

丸つけラクラクかいとう

教育出版版 かん字２年

「丸つけラクラクかいとう」では　問題《もんだい》と　同じ　紙面《しめん》に、赤字で　答《こた》えを　書いて　います。
①問題が　とけたら、まずは　答え合わせを　しましょう。
②まちがえた　問題や　わからなかった　問題は、ぴったり１に　もどったり、教科書を　見返《みかえ》したり　して、もう　一度《いちど》　見直しましょう。

見やすい答え

72ページ

ぴったり２ 練習

友情《じょう》のかべ新聞／もしものときにそなえよう
冬の楽しみ

教科書 下65〜91ページ　答え 9ページ

1 ――線の漢字の読みがなを書きましょう。

① 好（す）きな本を読む。
② 最（もっと）も良いやり方を考える。
③ 帰省（きせい）の車で道がこんざつする。
④ 庭の周（まわ）りに木を植える。
⑤ 南側（みなみがわ）は日当たりがよい。
⑥ 風雨（ふうう）がはげしくなる。
⑦ 元日（がんじつ）に買い物をする。
⑧ 大臣の側近（そっきん）をつとめる。

2 □に漢字を書きましょう。

① 放課後《ほうかご》に待ち合わせる。
② 無礼《ぶれい》なふるまいをわびる。
③ 文章を改行《かいぎょう》して書く。
④ 細かい説明を省《はぶ》く。
⑤ 水害《すいがい》にそなえる。
⑥ 正直《しょうじき》な意見を言う。
⑦ 人によって好《この》みがちがう。
⑧ 最初《さいしょ》にあいさつをする。
⑨ グラウンドを一周《いっしゅう》する。
⑩ 正方形《せいほうけい》をかく。
⑪ 旅から無事《ぶじ》に帰る。
⑫ 年が改《あらた》まる。
⑬ 社会の課題《かだい》を考える。
⑭ 無《な》い物ねだりをする。

73ページ

ぴったり２ 練習

友情《じょう》のかべ新聞／もしものときにそなえよう
冬の楽しみ

教科書 下65〜91ページ　答え 9ページ

1 ――線の漢字の読みがなを書きましょう。

① 改（あらた）めて本を読み直す。
② 直筆（じきひつ）の手紙をもらう。
③ 公正（こうせい）な決め方をする。
④ 父は元来（がんらい）気が弱い。
⑤ さんぽを日課（にっか）にする。
⑥ 省（しょう）エネルギーを目指す。
⑦ 無理（むり）なことを言う。
⑧ 同じコースを周回（しゅうかい）する。

2 □に漢字を書きましょう。

① 外国と友好《ゆうこう》な関係をもつ。
② 最高《さいこう》気温をはかる。
③ 一人で反省《はんせい》する。
④ 箱の側面《そくめん》に絵をかく。
⑤ 駅の改札口《かいさつぐち》で待つ。
⑥ 有害《ゆうがい》なごみをしゅう集する。
⑦ 車を改良《かいりょう》する。
⑧ 年中無休《むきゅう》のお店で買う。
⑨ 相手に好意《こうい》をもつ。
⑩ 害虫《がいちゅう》に花を食べられる。
⑪ 最新《さいしん》のロボットを見る。
⑫ 水は無色《むしょく》とう明だ。
⑬ 運動場を三周《さんしゅう》する。
⑭ 最強《さいきょう》のチームを作る。

てびき

92ページ

春のチャレンジテスト

教科書 下92〜142ページ　答え 12ページ　時間 30分　/100　ごうかく 80点

1 ――線の漢字の読みがなを書きましょう。　一つ２点（34点）

① 右岸（うがん）のがけの一部に火成岩（かせいがん）が見える。
② 念願（ねんがん）がかなって、流星群（りゅうせいぐん）を見ることができた。
③ 億（おく）とまちがえて兆（ちょう）の位に数字を書いた。
④ 湖の白鳥（はくちょう）や森の野鳥（やちょう）をそっと観察（かんさつ）する。
⑤ 共（とも）にはげまし合って笑（わら）った。
⑥ 老人（ろうじん）がにわかに木刀（ぼくとう）をかまえた。
⑦ 川辺（かわべ）をゆっくりと散歩（さんぽ）する。
⑧ 努力（どりょく）して、英単語を覚（おぼ）える。

※①「右岸」の反対は「左《さ》岸」です。
※⑦「辺」には「ヘン」という音読みもあります。

2 次の□に当てはまる熟《じゅく》語を漢字で書きましょう。また、その熟語は後のア〜エのどの組み合わせでできていますか。〔　〕にア〜エの記号で答えましょう。　一つ１点（10点）

① サッカーの試合の勝敗《しょうはい》が決まる。〔イ〕
② 父は母に花束《はなたば》をおくった。〔ウ〕
③ 探検《たんけん》隊が無人島に上陸《じょうりく》する。〔エ〕
④ お米の生産《せいさん》がさかんな県に住んでいる。〔ア〕
⑤ おうえんするチームが負けて失望《しつぼう》した。〔エ〕

ア　にた意味をもつ漢字を組み合わせたもの
イ　反対の意味をもつ漢字を組み合わせたもの
ウ　上の漢字が下の漢字を修飾《しゅうしょく》するもの
エ　「―を」「―に」に当たる意味の漢字が下に来るもの

93ページ

3 □に漢字を書きましょう。　一つ２点（28点）

① 前を歩く父を見失《みうしな》わないように努《つと》めた。
② 中国大陸《たいりく》の気候《きこう》について調べる。
③ 竹林《ちくりん》に希少《きしょう》な動物が住む。
④ 海底《かいてい》は、水温が低《ひく》い。
⑤ 投票《とうひょう》用紙を管理《かんり》する。
⑥ 特大《とくだい》の衣《い》しょうを用意する。
⑦ 鳥が巣箱《すばこ》でたまごを産《う》む。

※①「努める」は、「力をつくす」という意味です。
※⑤「管」と「官」を使い分けましょう。

4 次の字は、同じ漢字でもそれぞれちがう読み方をします。――線の漢字の読みがなを書きましょう。　一つ２点（28点）

① 自…自分（じ）　自ら行う。（みずか）
② 別…区別（べつ）　駅前で別れる。（わか）
③ 残…残念（ざん）　形が残る。（のこ）
④ 勇…勇者（ゆう）　勇ましく戦う。（いさ）
⑤ 連…連続（れん）　家族で連れ立つ。（つ）　山が連なる。（つら）
⑥ 覚…感覚（かく）　目が覚める。（さ）　文字を覚える。（おぼ）

※⑤⑥は、訓読みが二つ以上ある漢字です。

※紙面はイメージです。

4ページ

ぴったり2 れんしゅう

つづけて みよう ――日記

1 漢《かん》字を よみましょう。

① 文しょうを 書く。（か）
② 朝日が さして いる。（あさひ）
③ 金曜が くる。（きんよう）
④ 本の 書名。（しょめい）
⑤ 朝しょくを とる。（ちょう）
⑥ 火曜の よてい。（かよう）
⑦ 書きものを する。（か）

2 □に 漢字を 書きましょう。

① 日《にっ》記《き》を つける。
② まいにちの 生《せい》活《かつ》。
③ 友《とも》だちと あそぶ。
④ おもいを 記《しる》す。
⑤ 活《かっ》気《き》が ある クラス。
⑥ 友《ゆう》人《じん》と はなす。
⑦ 名まえを 記《き》入《にゅう》する。
⑧ 活《かつ》力《りょく》が みなぎる。
⑨ 二人の 友《ゆう》じょう。
⑩ 記《き》ろくを のばす。
⑪ 活《かつ》やくを 見せる。
⑫ ぼくの しん友《ゆう》。

きょうかしょ 上10～11ページ
こたえ 2ページ

8ページ

ぴったり2 れんしゅう

はるねこ

1 漢《かん》字を 読みましょう。

① うれしく 思う。（おも）
② 今にも 雨が ふりそうだ。（いま）
③ 何か のみますか。（なに）
④ りょこうの 思い出。（おも）
⑤ 今月の 土曜日。（こんげつ）
⑥ 何日も たつ。（なんにち）
⑦ 思いどおりに なる。（おも）

2 □に 漢字を 書きましょう。

① バスで 通《つう》学《がく》する。
② 赤《あか》色《いろ》の リボン。
③ 声《こえ》が きこえる。
④ いけんを 言《い》う。
⑤ 読《よ》みかたを きく。
⑥ まん中を 通《とお》る。
⑦ 三《さん》色《しょく》べんとう。
⑧ 大《おお》声《ごえ》で さけぶ。
⑨ もんくを 言《い》う。
⑩ 読《どく》書《しょ》を たのしむ。
⑪ じゅくに 通《かよ》う。
⑫ まんがを 読《よ》む。

きょうかしょ 上16～26ページ
こたえ 2ページ

11ページ

ぴったり2 れんしゅう

ひろい 公園

1 漢《かん》字を 読みましょう。

① うわさ話。（ばなし）
② 汽車が はしる。（きしゃ）
③ きのうと 同じ ふく。（おな）
④ 通話を する。（つうわ）
⑤ ふねの 汽てきが ひびく。（き）
⑥ 同きゅう生。（どう）
⑦ おかあさんと 話す。（はな）

2 □に 漢字を 書きましょう。

① 公《こう》園《えん》に あつまる。
② 足音が 聞《き》こえる。
③ 星《ほし》が かがやく。
④ 公《こう》へいに 見る。
⑤ ようち園《えん》に 通う。
⑥ 話を 聞《き》く。
⑦ ふゆの 星《せい》ざ。
⑧ 公《こう》立の 学校。
⑨ どうぶつ園《えん》に いく。
⑩ なき声が 聞《き》こえる。
⑪ 一ばん星《ぼし》に いのる。
⑫ 公《こう》しきの はっぴょう。

きょうかしょ 上32～36ページ
こたえ 2ページ

15ページ

ぴったり2 れんしゅう

回文を たのしもう 画と 書きじゅん

1 漢字を 読みましょう。

① 二回 ジャンプする。（にかい）
② けい画を ねる。（かく）
③ 会社《しゃ》に 行く。（かい）
④ まっすぐな 線。（せん）
⑤ 十まで 数える。（かぞ）
⑥ 画ようしに 書く。（が）
⑦ 友だちに 会う。（あ）

2 □に 漢字を 書きましょう。

① 百点《てん》を とる。
② 馬《うま》を はしらせる。
③ 漢字の おぼえ方《かた》。
④ 人《じん》工《こう》ちのう。
⑤ からすの 羽《はね》。
⑥ 点《てん》字《じ》の 本。
⑦ 白《はく》馬《ば》に のる。
⑧ 方《ほう》こうを かえる。
⑨ わかい 大《だい》工《く》さん。
⑩ 羽《は》ばたきを する。
⑪ かわいい （小）子《こ》馬《うま》。
⑫ 正しい 読み方《かた》。

きょうかしょ 上37～39ページ
こたえ 2ページ

16ページ

ぴったり2 れんしゅう

回文を たのしもう　画と 書きじゅん

1 漢《かん》字を 読みましょう。

① 百点　まん点。（てん）
② 馬を　のりこなす。（うま）
③ 夕方の　よてい。（ゆうがた）
④ 工じょうの　しごと。（こう）
⑤ 羽を　休める。（はね）
⑥ かぼちゃの　馬車。（ばしゃ）
⑦ 一方　通こう。（いっぽう）

2 □に 漢字を 書きましょう。

① 四《よん》回《かい》目《め》で　できる。
② 白い　画《が》ようし。
③ 会《かい》話《わ》を　する。
④ ながい　線《せん》を　ひく。
⑤ 百まで　数《かぞ》える。
⑥ くるくる　回《まわ》る。
⑦ 漢字の　画《かく》数《すう》。
⑧ 友だちと　会《あ》う。
⑨ ふとい　線《せん》。
⑩ 数《すう》学《がく》の　べんきょう。
⑪ こまを　回《まわ》す。
⑫ 星の　数《かず》。

きょうかしょ　上37〜39ページ
こたえ　3ページ

17ページ

ぴったり2 れんしゅう

一年生で 学んだ 漢字①

1 漢字を 読みましょう。

① 入学しきに　出る。（にゅうがく）
② 学校まで　あるいて　いく。（がっこう）
③ 貝がらを　ひろう。（かい）
④ 虫かごを　もつ。（むし）
⑤ 石ころを　ひろう。（いし）
⑥ 正しい　こたえ。（ただ）
⑦ 月が　かがやく。（つき）

2 □に 漢字を 書きましょう。

① 一《いち》年《ねん》生《せい》に　なる。
② 名《な》まえを　書く。
③ 先《せん》生《せい》に　話す。
④ 火《ひ》を　つける。
⑤ 川《かわ》で　あそぶ。
⑥ 水《みず》を　くむ。
⑦ 大きな　木《き》。
⑧ まっすぐ　立《た》つ。
⑨ 土《つち》を　たがやす。
⑩ しゃぼん　玉《だま》。
⑪ はりと　糸《いと》。
⑫ 白《しろ》い　ゆき。

きょうかしょ　上40ページ
こたえ　3ページ

21ページ

ぴったり2 れんしゅう

すみれと あり　かんさつ発《はっ》見カード

1 漢字を 読みましょう。

① もうすぐ　春が　くる。（はる）
② まっすぐな　道。（みち）
③ 高い　たてもの。（たか）
④ いえが　近い。（ちか）
⑤ かたい　地面《めん》。（じ）
⑥ 道のりを　はかる。（みち）
⑦ 高い　木に　のぼる。（たか）

2 □に 漢字を 書きましょう。

① 自《じ》分《ぶん》の　考《かんが》え。
② いえの　外《そと》。
③ 形《かたち》を　ととのえる。
④ 黄《き》みどりの　花が　さく。
⑤ 自《じ》ゆうな　じかん。
⑥ たべものを　分《わ》ける。
⑦ ひるから　外《がい》出する。
⑧ 円《えん》形《けい》の　たてもの。
⑨ たまごの　黄《き》み。
⑩ 自《じ》てん車《しゃ》に　のる。
⑪ もう　三《さん》分《ぷん》　まつ。
⑫ 人《にん》形《ぎょう》と　あそぶ。

きょうかしょ　上42〜51ページ
こたえ　3ページ

22ページ

ぴったり2 れんしゅう

すみれと あり　かんさつ発《はっ》見カード

1 漢《かん》字を 読みましょう。

① 外へ　出る。（そと）
② 自分の　考《かんが》えを　言う。（じぶん）
③ おかしな　形。（かたち）
④ 自ぜんの　けしき。（し）
⑤ 分たんを　きめる。（ぶん）
⑥ 形を　ととのえる。（かたち）
⑦ 黄色い　リボン。（きいろ）

2 □に 漢字を 書きましょう。

① 春《はる》に　さくらが　さく。
② 右の　道《みち》を　いく。
③ ねだんが　高《たか》い。
④ 近《ちか》くの　山に　のぼる。
⑤ 地《ち》上《じょう》に　出る。
⑥ あたたかい　春《はる》。
⑦ ながい　道《みち》のり。
⑧ 高《たか》さを　はかる。
⑨ 近《ちか》道《みち》を　通る。
⑩ 地《ち》下《か》てつに　のる。
⑪ 早《そう》春《しゅん》の　山。
⑫ 高《たか》い　ところは　こわい。

きょうかしょ　上42〜51ページ
こたえ　3ページ

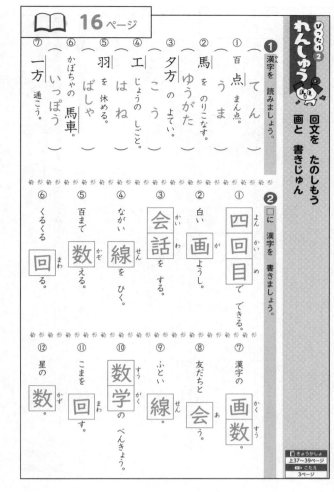

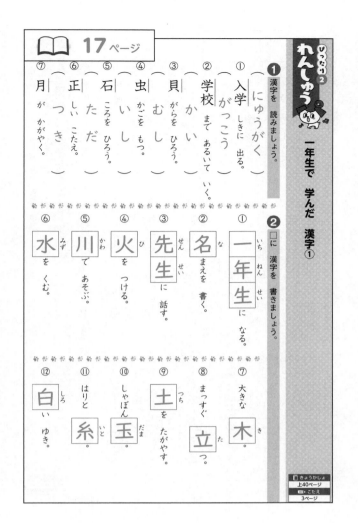

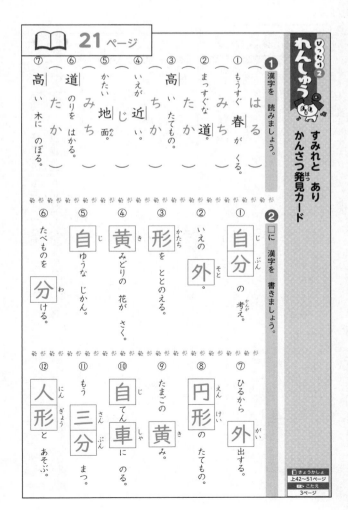

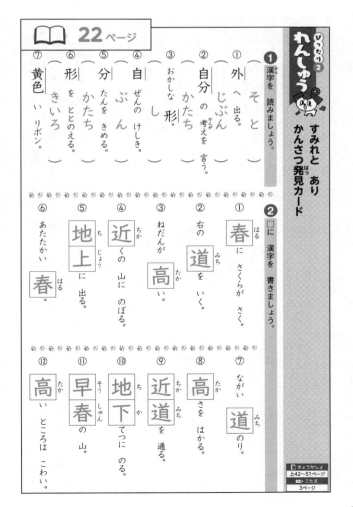

26ページ

ぴったり2 れんしゅう

かたかなで 書く 言葉《ば》　本で しらべよう　「生きものクイズ」で しらせよう

1 漢《かん》字を 読みましょう。

① 外国（がいこく）の おもちゃ。
② 名前（なまえ）を 言う。
③ もけいを 作（つく）る。
④ 正しい 答（こた）え。
⑤ 大きな 国道（こくどう）。
⑥ 作文（さくぶん）の しゅくだい。
⑦ いえの 前（まえ）に 立つ。

2 □に 漢字を 書きましょう。

① すてきな 絵《え》本《ほん》。
② すいせん 図《と》書《しょ》。
③ 二《に》週《しゅう》間《かん》 たつ。
④ 赤い 絵《え》のぐ。
⑤ 図《ず》画《が》工作。
⑥ 先《せん》週《しゅう》の 木曜日。
⑦ ノートに 図《ず》を かく。
⑧ 週《しゅう》間《かん》天気よほう。
⑨ 絵《かい》画《が》を 見にいく。
⑩ 週《しゅう》まつの よてい。
⑪ 日本の 地《ち》図《ず》。
⑫ 週《しゅう》休《きゅう》二日。

きょうかしょ 上56～64ページ　答え 4ページ

27ページ

ぴったり2 れんしゅう

かたかなで 書く 言葉　本で しらべよう　「生きものクイズ」で しらせよう

1 漢字を 読みましょう。

① 絵（え）を 見る。
② 図書（としょ）かんに いく。
③ 今週（こんしゅう）は 天気が よい。
④ 図（ず）で せつめいする。
⑤ ぬり 絵（え）を する。
⑥ 一週間（いっしゅうかん）の ニュース。
⑦ お気に入りの 絵本（えほん）。

2 □に 漢字を 書きましょう。

① 国《こく》王《おう》に 会う。
② まっすぐ 前《まえ》に すすむ。
③ りょうりを 作《つく》る。
④ 答《こた》えが 出る。
⑤ 国《こく》道《どう》を 車で 走《はし》る。
⑥ 名《な》前《まえ》を きかれる。
⑦ 作《さく》文《ぶん》が とくいだ。
⑧ しつもんに 答《こた》える。
⑨ 外《がい》国《こく》から きた 人。
⑩ 前《まえ》のめりに なる。
⑪ 作《つく》りおきの おかず。
⑫ もんだいの 答《こた》え。

きょうかしょ 上56～64ページ　答え 4ページ

32ページ

ぴったり2 れんしゅう

なかまの 言葉《ば》と 漢《かん》字　「言葉のなかまさがしゲーム」を しよう

1 漢字を 読みましょう。

① 昼（ひる）ごはんを たべる。
② 夜（よる）の やみ。
③ 父親（ちちおや）と 話す。
④ 母（はは）と わたし。
⑤ 国語（こくご）の べんきょう。
⑥ 算数（さんすう）を 学ぶ。
⑦ きびしい 父（ちち）。

2 □に 漢字を 書きましょう。

① 二つ上の 兄《あに》。
② 姉《あね》の ピアノ。
③ 弟《おとうと》は 四さいだ。
④ かわいい 妹《いもうと》。
⑤ 一《いち》万《まん》円さつ。
⑥ 海《うみ》に すむ さかな。
⑦ 内《ない》ようを たしかめる。
⑧ 夏《なつ》の 空が ひろがる。
⑨ 兄《あに》が サッカーを する。
⑩ やさしい 姉《あね》。
⑪ はこの 内《うち》がわ。
⑫ 兄《きょう》弟《だい》げんかを する。

きょうかしょ 上66～70ページ　答え 4ページ

33ページ

ぴったり2 れんしゅう

なかまの 言葉と 漢字　「言葉のなかまさがしゲーム」を しよう

1 漢字を 読みましょう。

① おもしろい 兄（あに）。
② 三さいの 弟（おとうと）。
③ 妹（いもうと）と あそぶ。
④ 十万円（じゅうまんえん）の 絵画。
⑤ 海（うみ）が 見える。
⑥ 店《てん》内（ない）に 入る。
⑦ 夏（なつ）の くだもの。

2 □に 漢字を 書きましょう。

① 昼《ひる》に なる。
② 父《ちち》と 子で 出かける。
③ 親《おや》子《こ》で たびする。
④ 国《こく》語《ご》の じゅぎょう。
⑤ 母《はは》の日を いわう。
⑥ 算《さん》数《すう》が とくいだ。
⑦ 学校の 昼《ひる》休み。
⑧ 夜《よる》が ながく なる。
⑨ 本に 親《した》しむ。
⑩ 外《がい》国《こく》語《ご》を 話す。
⑪ 父《ちち》親《おや》に しかられる。
⑫ 母《ぼ》国《こく》の 言葉。

きょうかしょ 上66～70ページ　答え 4ページ

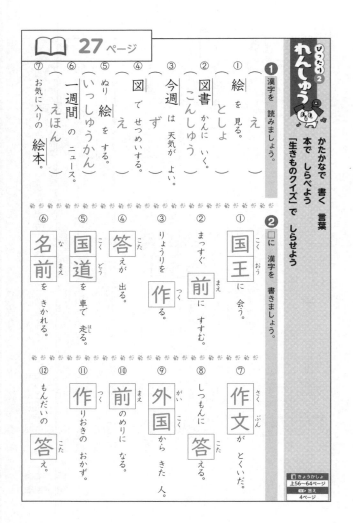

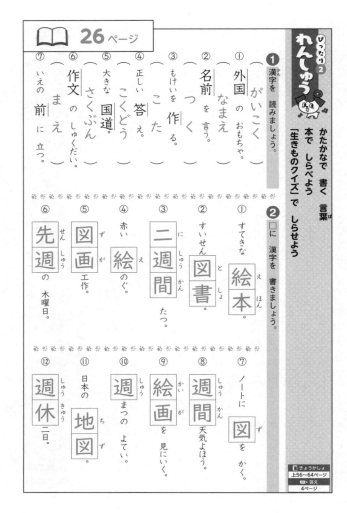

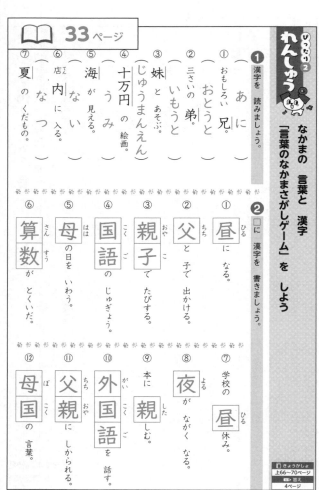

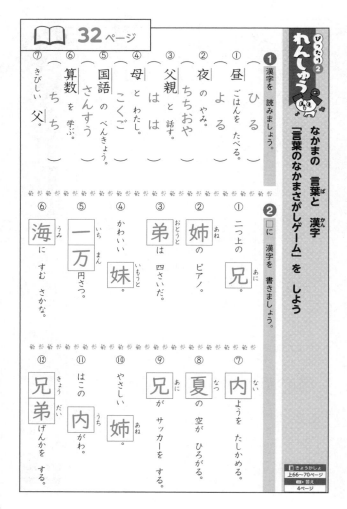

38ページ

ぴったり2 れんしゅう

きつねの おきゃくさま　うれしく なる 言葉《ば》

❶ 漢《かん》字を 読みましょう。

① 答えを 考える。（かんが）
② お兄さんの しあい。（にい）
③ 心くばりを する。（こころ）
④ 父さんに しかられる。（とう）
⑤ 学校に 行く。（い（ゆ））
⑥ 時が たつ。（とき）
⑦ 心の 中で 思う。（こころ）

❷ □に 漢字を 書きましょう。

① よく 太《ふと》った こぶた。
② 丸《まる》じるしを つける。
③ 音《おん》楽《がく》の じゅぎょう。
④ 三才《さい》の たん生日。
⑤ 切《き》り口から あける。
⑥ 元《げん》気《き》な 男の子。
⑦ 工《こう》場《ば》の しごと。
⑧ 答えが 合《あ》う。
⑨ 丸《まる》太《た》を ころがす。
⑩ うっかり 手を 切《き》る。
⑪ 才《さい》のうが ある。
⑫ 楽《たの》しく あそぶ。

きょうかしょ 上72〜92ページ　答え 5ページ

39ページ

ぴったり2 れんしゅう

きつねの おきゃくさま　うれしく なる 言葉

❶ 漢字を 読みましょう。

① お母さんが うたう。（かあ）
② からだが 太る。（ふと）
③ 丸い お月さま。（まる）
④ わたしの お姉さん。（ねえ）
⑤ りょうりが 上手だ。（じょうず）
⑥ きゅうりを 切る。（き）
⑦ 元気 いっぱい。（げんき）

❷ □に 漢字を 書きましょう。

① 心《こころ》が はずむ。
② 時《じ》間《かん》が たつ。
③ 自分で 考《かんが》える。
④ 行《い》き先を つげる。
⑤ たたかいの 場《ば》めん。
⑥ 気《き》楽《らく》に 生きる。
⑦ 弟は 五《ご》才《さい》だ。
⑧ 話し合《あ》いを する。
⑨ やさしい 心《こころ》を もつ。
⑩ 町へ 行《い》く。
⑪ 夜の 八《はち》時《じ》に なる。
⑫ 考《かんが》え方を せつめいする。

きょうかしょ 上72〜92ページ　答え 5ページ

40ページ

夏のチャレンジテスト①

1 ――線の 漢《かん》字の 読みがなを 書きましょう。　一つ2点（22点）

① ていねいに 字を 書く。（か）
② 本を 読んで 答えを さがす。（よ）（こた）
③ 汽てきが 聞こえる。（き）（き）
④ 春に なったら 黄色い たんぽぽが さく。（はる）（きいろ）
⑤ 公園へ あそびに 行った。（こうえん）（い）
⑥ 地上から 星空を 見上げる。（ちじょう）（ほしぞら）

2 つぎの 漢字の 正しい 書きじゅんの ほうに、○を つけましょう。　一つ3点（18点）

※ながいよこぼうはさいごに書きます。

① 母　あ（　）く 𠃌 𠃌 母 母　い（○）く 𠃌 母 母 母
② 方　あ（　）、 亠 ナ 方　い（○）、 亠 亐 方
③ 形　あ（○）一 二 チ 开 开 形 形　い（　）一 厂 チ 开 开 形 形
④ 羽　あ（　）㇆ 刁 刁 羽 羽 羽　い（○）㇆ 刁 刁 羽 羽 羽
⑤ 内　あ（○）丨 冂 内 内　い（　）丿 人 仌 内
※外がわを先に書きます。「国」なども同じです。
⑥ 馬　あ（　）丨 厂 F 㠯 馬 馬 馬 馬 馬 馬　い（○）丨 厂 F 㠯 馬 馬 馬 馬 馬 馬

時間30分　／100　ごうかく80点

きょうかしょ 上8〜93ページ　答え 5ページ

41ページ

3 つぎの 漢字の、二通り または 三通りの 読み方を 書きましょう。　一つ2点（30点）

※おくりがなによって読み方がかわるのでちゅういしましょう。

① 外　あ 外に 出る。（そと）　い 外国の 人。（がい）
② 親　あ 本に 親しむ。（した）　い 親と 子。（おや）
③ 図　あ 図を かく。（ず）　い 図書かん。（と）
④ 友　あ 友だち。（とも）　い 友じょう。（ゆう）
⑤ 作　あ 作文を 書く。（さく）　い ケーキを 作る。（つく）
⑥ 間　あ 時間を かける。（かん）　い 本の 間。（あいだ）
⑦ 夜　あ 夜行バス。（や）　い 昼と 夜。（よる）　う 夜中の 一時。（よ）

4 つぎの □に、漢字を 書きましょう。　一つ3点（30点）

① えき前《まえ》を 車で 通《とお》る。
② 自《じ》分《ぶん》で 点《てん》数《すう》を つける。
③ おとぎ話《ばなし》。
④ いけんを 言《い》う。
⑤ 朝《あさ》ごはん。
※「朝」は、「十日十月」と おぼえましょう。
⑥ 日《にっ》記《き》ちょう。
⑦ 木の 切《き》りかぶ。
※「刀」を「力」にしないようにちゅういしましょう。
⑧ 火《か》曜《よう》日《び》に 行こう。

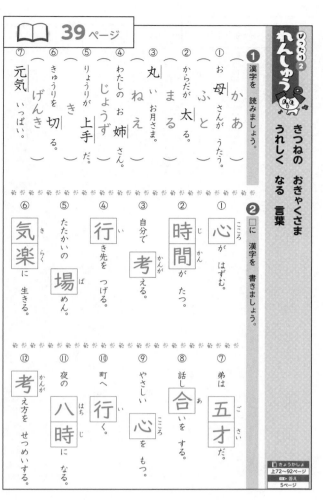

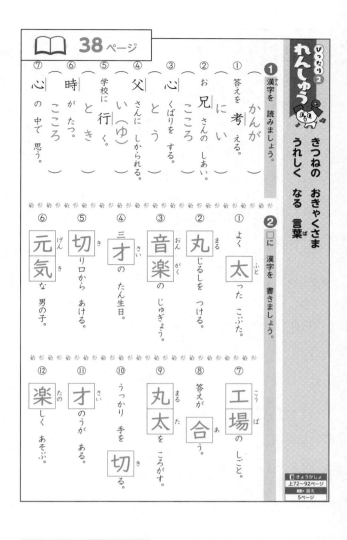

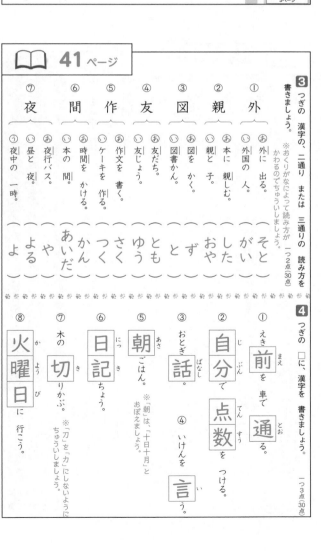

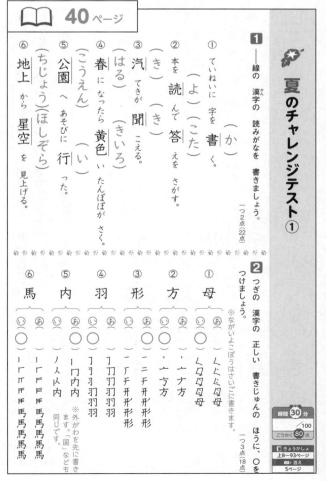

📖 42ページ

夏のチャレンジテスト②

時間 30分
／100
ごうかく 80点
📖 きょうかしょ 上8〜93ページ
➡ こたえ 6ページ

1 ——線の 漢字の 読みがなを 書きましょう。
一つ2点(22点)

① (こくご)(さんすう) 国語 と 算数。

② (こんしゅう)(ちち) 今週 は 父 と 出かける。

③ (おな)(せいかつ) 同 じ いえで 生活 する。

④ (ひる)(じゅうにじ) お昼 の 十二時。

⑤ (せん) まっすぐな 線 を ひく。

⑥ (なつやす) 夏休 み。

⑦ (たの) 楽 しく うたを うたう。
※「白」を書いてから、左右の点を書きます。

2 つぎの 漢字の 赤い ぶぶんは、なんばん目に 書きますか。数字で 答えましょう。
一つ2点(18点)

① 思 **7**
② 聞 **10**
③ 回 **6**
④ 画 **4**
⑤ 会 **4**
⑥ 道 **11**
⑦ 兄 **5**
⑧ 万 **2**
⑨ 姉 **8**

※先に「門」(もんがまえ)を書きます。
※「しんにょう」は三画で書きます。

📖 43ページ

3 ——線の 言葉を、漢字と おくりがなで 書きましょう。
一つ3点(24点)

① からだが ふとる。 **太る**

② 十まで かぞえる。 **数える**

③ 糸が きれる。 **切れる**

④ しつもんに こたえる。 **答える**

⑤ こたえが わかる。 **分かる**

⑥ きたいが たかまる。 **高まる**

⑦ バスが とおる。 **通る**

⑧ よく かんがえる。 **考える**

4 つぎの □に、漢字を 書きましょう。
一つ3点(36点)

① (おおごえ)(なに)(い) 大声 で 何 か 言 う。

② (おとうと)(いもうと) 弟 や 妹 と あそぶ。

③ (ちか)(うみ) 近 くに 海 が ある。

④ (まるた) 丸太 ごや。
※「丸」を「九」としないように ちゅういしましょう。

⑤ (こうじょう) 工場 で はたらく。

⑥ (こころ) 心 の 中。

⑦ (え) 絵 を する。

⑧ (げんき) 元気 な 人。

📖 48ページ

ぴったり2 れんしゅう

話したいな、聞きたいな、夏休みのこと
二つの漢字でできている言葉

1 漢字を 読みましょう。

① 手を 組 む。(く)

② 新聞 を 読む。(しんぶん)

③ 牛 や 馬をかう。(うし)

④ 朝市 へ 行く。(あさいち)

⑤ 電気 でんき でうごく車。

⑥ 古 い アルバム。(ふる)

⑦ 新 しく 作る。(あたら)

2 □に漢字を 書きましょう。

① 鳥 が 羽ばたく。(とり)

② 弓矢 でたたかう。(ゆみや)

③ かみの 毛 をとかす。(け)

④ 門 をあける。(もん)

⑤ 光 をはっする。(ひかり)

⑥ 鳥 のたまご。(とり)

⑦ 弓 なりになる。(ゆみ)

⑧ 毛糸 のぼうし。(けいと)

⑨ 大きな 矢 じるし。(や)

⑩ 門 の外に立つ。(もん)

⑪ 日光 がさしこむ。(にっこう)

⑫ きれいな 白鳥。(はくちょう)

📖 きょうかしょ 上96〜101ページ
➡ 答え 6ページ

📖 49ページ

ぴったり2 れんしゅう

話したいな、聞きたいな、夏休みのこと
二つの漢字でできている言葉

1 漢字を 読みましょう。

① 小鳥 のさえずり。(ことり)

② 弓矢 の名人。(ゆみや)

③ かみの 毛 をとく。(け)

④ 正門 から入る。(せいもん)

⑤ たいようの 光。(ひかり)

⑥ 矢 じるしをかく。(や)

⑦ 毛糸 の玉がころがる。(けいと)

2 □に漢字を 書きましょう。

① 組 み立てを考える。(く)

② 新聞 がとどく。(しんぶん)

③ 牛 のせわをする。(うし)

④ 市場 に行く。(いちば)

⑤ 電車 にのる。(でんしゃ)

⑥ 古 いおきどけい。(ふる)

⑦ 市 やくしょに行く。(し)

⑧ 牛にゅう をのむ。(ぎゅう)

⑨ 電気 スタンド。(でんき)

⑩ 二年一組。(くみ)

⑪ 新 しい朝がくる。(あたら)

⑫ 古 い本を読む。(ふる)

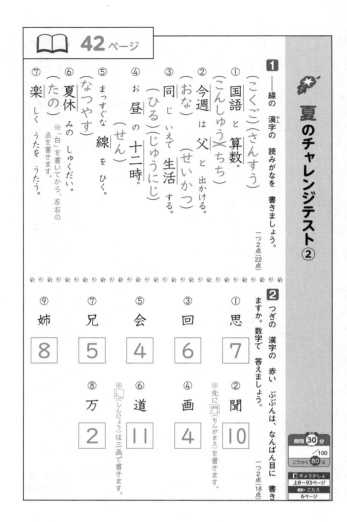

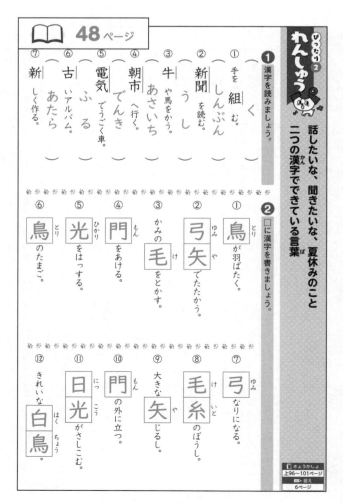

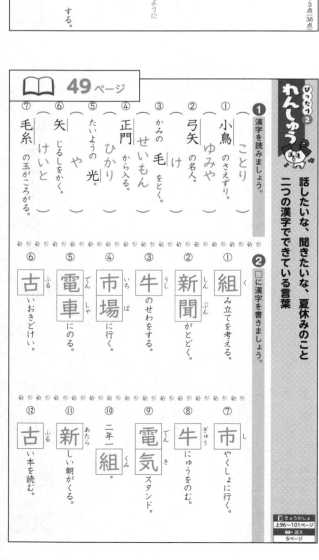

50ページ

ぴったり2 れんしゅう

一年生で学んだ漢字《かん》②

❶ 漢字を読みましょう。

① ドアから入る。（はい）
② ゆっくり休む。（やす）
③ 六つまで数える。（むっ）
④ 九時にまちあわせる。（く）
⑤ かばんからとり出す。（だ）
⑥ 八まいのおさら。（はち）
⑦ 百円玉ではらう。（ひゃくえん）

❷ □に漢字を書きましょう。

① 口《くち》を大きくあける。
② 三《さん》びきのこぶた。
③ りんごを四《よっ》つもらう。
④ 七《なな》色のにじ。
⑤ 二《に》ばんめにゴールする。
⑥ 金《きん》曜日のよてい。
⑦ 竹《たけ》馬にのる。
⑧ 力《ちから》をこめる。
⑨ 千《せん》年前のできごと。
⑩ 十《じっ》回目のたん生日。
⑪ 五《ご》ひきの子犬。
⑫ やさしい人《ひと》。

きょうかしょ 上102ページ
答え 7ページ

54ページ

ぴったり2 れんしゅう

わにのおじいさんのたからもの

❶ 漢字《かん》を読みましょう。

① クイズに頭をひねる。（あたま）
② 野山を行く。（のやま）
③ 体をきたえる。（からだ）
④ うれしそうな顔。（かお）
⑤ 頭がいたい。（あたま）
⑥ じょうぶな体。（からだ）
⑦ 顔をあらう。（かお）

❷ □に漢字を書きましょう。

① 半《はん》分《ぶん》だけ見せる。
② 長《なが》い道のり。
③ 紙《かみ》くずをすてる。
④ 谷《たに》ぞこにおちる。
⑤ 岩《いわ》山《やま》にのぼる。
⑥ 半《はん》月《つき》がたつ。
⑦ キリンはくびが長《なが》い。
⑧ 手《て》紙《がみ》をもらう。
⑨ 谷《たに》川《がわ》の水をのむ。
⑩ 大きな岩《いわ》をくだく。
⑪ 校《こう》長《ちょう》先生に会う。
⑫ 古い新《しん》聞《ぶん》紙《し》。

きょうかしょ 上105～111ページ
答え 7ページ

58ページ

ぴったり2 れんしゅう

はんたいのいみの言葉《ば》、にたいみの言葉
町の「すてき」をつたえます

❶ 漢字《かん》を読みましょう。

① 理科室でじっけんする。（りかしつ）
② 大人のりょう金。（おとな）
③ とくいな科目。（かもく）
④ 室内に入る。（しつない）
⑤ 理ゆうをたずねる。（り）
⑥ 科学のしんぽ。（かがく）
⑦ 大人と子ども。（おとな）

❷ □に漢字を書きましょう。

① 強《つよ》い体をもつ。
② 雨が弱《よわ》くなる。
③ 細《ほそ》いひもでむすぶ。
④ もの知《し》りの人。
⑤ 強《きょう》力《りょく》なみかた。
⑥ てきの弱《じゃく》点《てん》。
⑦ やさいを細《こま》かく切る。
⑧ 知《し》らせをうける。
⑨ 日ざしが強《つよ》い。
⑩ 弱《よわ》いかぜがふく。
⑪ きれいな細《さい》工《く》。
⑫ 答えを知《し》っている。

きょうかしょ 上118～123ページ
答え 7ページ

62ページ

ぴったり2 れんしゅう

さけが大きくなるまで
おもしろいもの、見つけたよ

❶ 漢字《かん》を読みましょう。

① 北国でくらす。（きたぐに）
② 学校から帰る。（かえ）
③ 東にむかう。（ひがし）
④ 西からきた人。（にし）
⑤ 南の王さま。（みなみ）
⑥ 東北地方。（とうほく）
⑦ 南西のかぜ。（なんせい）

❷ □に漢字を書きましょう。

① 魚《さかな》つりをする。
② 秋《あき》のごちそう。
③ 冬《ふゆ》山にのぼる。
④ 広《ひろ》い海でおよぐ。
⑤ 食《た》べものが足りない。
⑥ 少《すこ》しえんりょする。
⑦ 魚《うお》市場。
⑧ 秋《しゅう》分《ぶん》の日。
⑨ 冬《ふゆ》休《やす》みが楽しみだ。
⑩ 広《ひろ》場《ば》であそぶ。
⑪ パンを食《た》べる。
⑫ のこりが少《すく》ない。

きょうかしょ 下8～30ページ
答え 7ページ

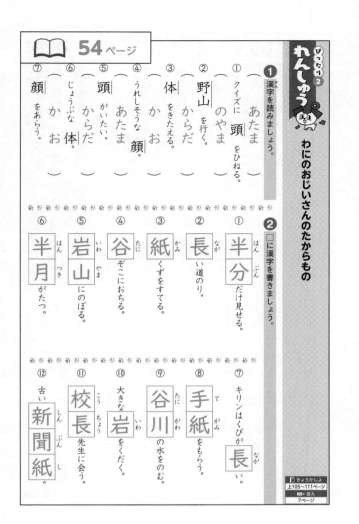

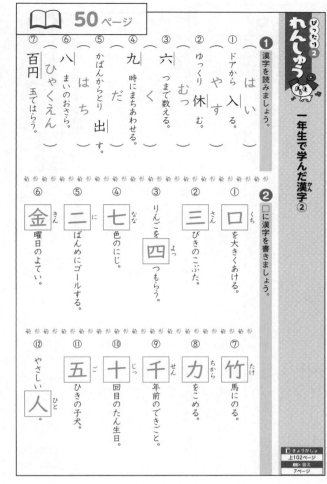

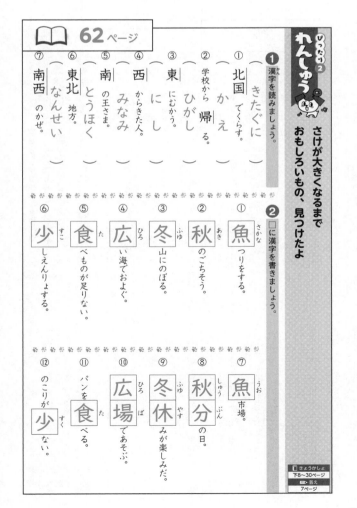

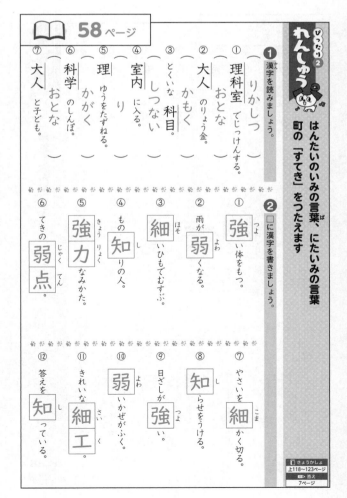

📖 67ページ

ぴったり2 れんしゅう
ないた赤おに

1 漢字を読みましょう。
① 家 をたてる。（いえ）
② つの 角。（おに の）
③ 本当 のできごと。（ほんとう）
④ 戸 じまりをする。（と）
⑤ おばあさんの手を 引 く。（ひ）
⑥ ゆうめいな 音楽家。（おんがくか）
⑦ 目を 三角 にする。（さんかく）

2 □に漢字を書きましょう。
① 首 をよこにふる。（くび）
② お 茶 をのむ。（ちゃ）
③ 毎日 やること。（まいにち）
④ 遠足 に行く。（えんそく）
⑤ 後 ろからくる。（うし）
⑥ キリンの 首。（くび）
⑦ 茶色 のリボン。（ちゃいろ）
⑧ 遠 くにむかう。（とお）
⑨ 前後 を気にする。（ぜんご）
⑩ 毎週 くる人。（まいしゅう）
⑪ 遠 い昔。（とお）
⑫ 後 でわかる。（あと）

教科書 下34〜46ページ
答え 8ページ

📖 63ページ

ぴったり2 れんしゅう
さけが大きくなるまで
おもしろいもの、見つけたよ

1 漢字を読みましょう。
① 魚 をつかまえる。（さかな）
② 秋 まつりの日。（あき）
③ 冬休 みが近い。（ふゆやす）
④ 広 い公園。（ひろ）
⑤ りんごを 食 べる。（た）
⑥ 少 しきゅうくつだ。（すこ）
⑦ 小魚 のふりかけ。（こざかな）

2 □に漢字を書きましょう。
① 北 にむかう。（きた）
② 帰 る。（かえ）
③ 東 の国にすむ人。（ひがし）
④ 西 にりょこうする。（にし）
⑤ 南 のかぜがふく。（みなみ）
⑥ 学校の 帰 り道。（かえ）
⑦ 東西南北（とうざいなんぼく）
⑧ 日本に 帰国 する。（きこく）
⑨ 東 のみやこ。（ひがし）
⑩ 西日 がさす。（にしび）
⑪ 南国 の人。（なんごく）
⑫ 北 からかぜがふく。（きた）

教科書 下8〜30ページ
答え 8ページ

📖 72ページ

ぴったり2 れんしゅう
一年生で学んだ漢字③

1 漢字を読みましょう。
① 早 くおきる。（はや）
② 音 が聞こえる。（おと）
③ 木の 下 で休む。（した）
④ 手 をたたく。（て）
⑤ ひきだしの 中。（なか）
⑥ 大 きな声を出す。（おお）
⑦ 犬 をかっている。（いぬ）

2 □に漢字を書きましょう。
① 天 までとどけ。（てん）
② 外を 見 る。（み）
③ 王 さまのめいれい。（おう）
④ 目 を丸くする。（め）
⑤ 字 を書く。（じ）
⑥ 文 しょうを読む。（ぶん）
⑦ 小 さな子ども。（ちい）
⑧ 気 もちのいい朝。（き）
⑨ 耳 をすます。（みみ）
⑩ あしたは 雨 のほうだ。（あめ）
⑪ 足 をふみならす。（あし）
⑫ つくえの 上。（うえ）

教科書 下68ページ
答え 8ページ

📖 71ページ

ぴったり2 れんしゅう
「お話びじゅつかん」を作ろう
「クラスお楽しみ会」をひらこう
漢字のつかい方と読み方

1 漢字を読みましょう。
① わたしの 教室。（きょうしつ）
② ろうかを 歩 く。（ある）
③ おこめが 売 り切れる。（う）
④ おみせで 肉 をかう。（にく）
⑤ やり方を 教 える。（おし）
⑥ おうだん 歩道。（ほどう）
⑦ お 肉 を食べる。（にく）

2 □に漢字を書きましょう。
① 交通 あんぜん。（こうつう）
② ごみが 多 い。（おお）
③ 晴 れた空。（は）
④ 会社 ではたらく。（かいしゃ）
⑤ 計算 をする。（けいさん）
⑥ 新しい 船。（ふね）
⑦ 道が 交 さする。（こう）
⑧ 雨の日が 多 い。（おお）
⑨ 気もちが 晴 れる。（は）
⑩ 社会 に出る。（しゃかい）
⑪ 計画 をねる。（けいかく）
⑫ たくましい 船長。（せんちょう）

教科書 下56〜67ページ
答え 8ページ

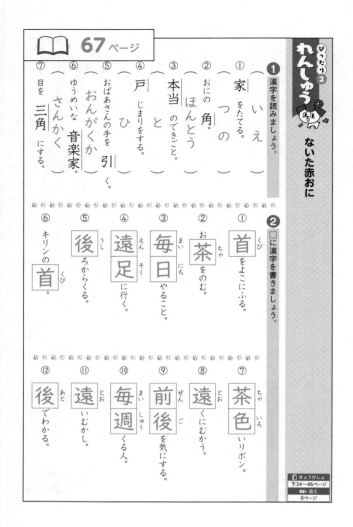

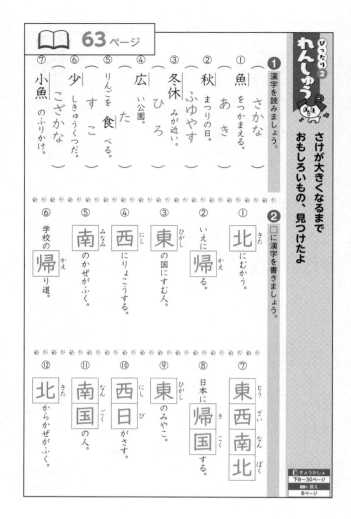

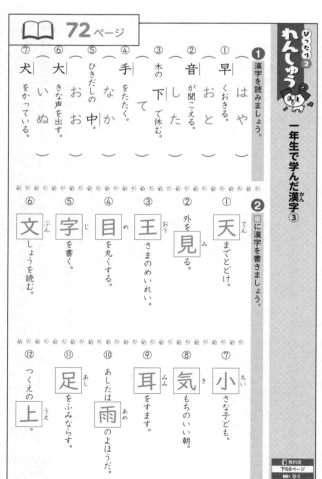

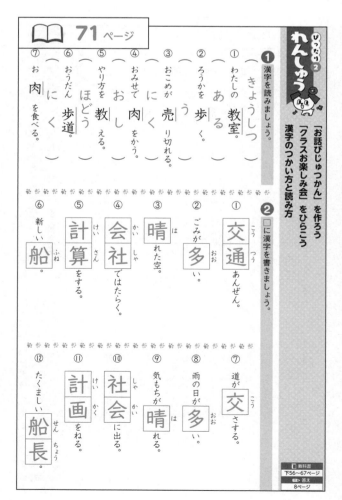

3 あとの□からなかまの言葉を見つけて、□の数だけ漢字で書きましょう。 一つ3点(33点)

① きせつをあらわす。 ※順不同
春夏秋冬
※「春、夏、秋、冬」とならべて、「しゅんかしゅうとう」と読みます。

② 方角をあらわす。 ※順不同
東西南北
※「東、西、南、北」とならべて、「とうざいなんぼく」と読みます。

③ 一日のうちの時間をあらわす。
朝昼夜

よる	はる	ひる
くさ	あき	ひがし
にし	あさ	なつ
いと	みなみ	きた
	ふゆ	

4 つぎの□に、漢字を書きましょう。 一つ3点(33点)

① (のやま)野山 で (とり)鳥 がなく。
② (ふね)船 で (さかな)魚 をつる。
③ (いえ)家 は (とお)遠 くにある。
④ (は)晴 れた日が (おお)多 い。
⑤ (きょうじゃく)強弱 をつける。 ※はんたいのいみの漢字を組み合わせた言葉です。
⑥ (かお)顔 をあらう。
⑦ (ほんとう)本当 におどろく。

☆ 冬のチャレンジテスト①

1 ——線の漢字の読みがなを書きましょう。 一つ2点(22点)

① (りかしつ)理科室 によってから (かえ)帰 る。
② (まいにち)毎日 あついお (ちゃ)茶 をのむ。
③ (かいしゃ)会社 まで (ある)歩 いて行く。
④ (かみ)紙 を (はんぶん)半分 におる。
⑤ えき前の (ひろば)広場。
⑥ (ゆうしょく)夕食 のハンバーグ。
⑦ (ゆみや)弓矢 をもってたたかう。 ※「弓」の書きじゅんにちゅういします。三画で書きます。

2 つぎの文につかうとき、正しい漢字は——の中のどちらですか。○でかこみましょう。 一つ2点(12点)

① (交通／文通) あんぜん。
② 一人の (少年／小年) が町にやってきた。 ※どちらも「しょう」と読みます。「少」は、「わかい」といういみがあります。
③ (牛肉／午肉) を食べる。
④ やり方を (教／数) わる。
⑤ (体／休) をうごかす。
⑥ (新聞／親聞) を読む。

時間 30分 /100 ごうかく80点
教科書 上96〜下74ページ
答え 9ページ

3 上の言葉とはんたいのいみの言葉を、漢字をつかって書きましょう。 一つ3点(24点)

① 外れる — 当たる
② せまい — 広い
③ 強い — 弱い ※「強弱」や「多少」のように、はんたいのいみの漢字を組み合わせて言葉を作れるものもあります。
④ 新しい — 古い
⑤ みじかい — 長い
⑥ おす — 引く
⑦ 少ない — 多い
⑧ 前 — 後ろ

4 つぎの□に、漢字を書きましょう。 一つ3点(30点)

① (かど)角 にある (いえ)家 だ。
② (あまど)雨戸 をあけて (かお)顔 を出す。
③ きのうから (あたま)頭 がいたい。 ※「顔」と「頭」につく「頁(おおがい)」は、人のあたまをあらわします。
④ (だい)台 の上をきれいにふく。
⑤ (ちゃいろ)茶色 のスカートをはく。
⑥ (かえ)帰 りに、より道をする。
⑦ (ひがし)東 から強いかぜがふく。
⑧ (えんそく)遠足 を楽しみにする。

☆ 冬のチャレンジテスト②

1 ——線の漢字の読みがなを書きましょう。 一つ2点(22点)

① (ぎゅうにく)牛肉 を (た)食 べる。
② (けいさん)計算 のやり方を (し)知 っている。
③ (いちば)市場 で (さかな)魚 をかう。
④ (でんき)電気 をつける。
⑤ (くび)首 をたてにふる。
⑥ (こうつう)交通 あんぜん。
⑦ (まいしゅう)毎週 ここから (ふね)船 にのる。 ※「毎〜」は、「〜のたびごと」といういみの言葉です。

2 赤いぶぶんをさいしょに書く漢字には、○をつけましょう。そうではない漢字には、×をつけましょう。 一つ2点(24点)

① 室(○) ② 南(×)
③ 鳥(×) ④ 歩(○)
⑤ 半(○) ⑥ 岩(×)
⑦ 谷(○) ⑧ 門(×)
⑨ 光(×) ⑩ 毛(×)
⑪ 売(○) ⑫ 北(×)

時間 30分 /100 ごうかく80点
教科書 上96〜下74ページ
答え 9ページ

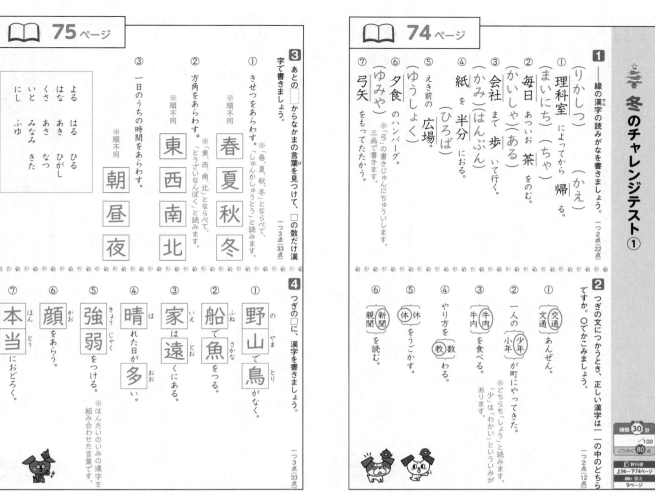

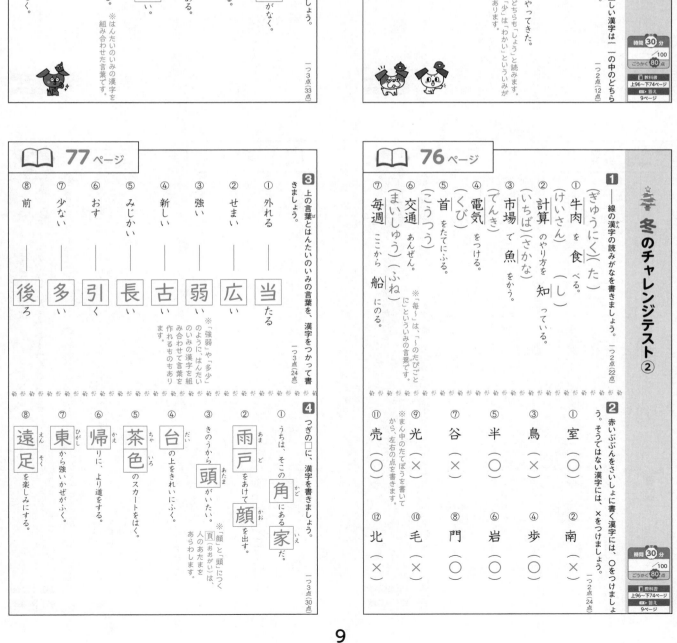

83ページ

ぴったり2 れんしゅう

かさこじぞう かるたであそぼう

1 漢字を読みましょう。

① ケーキを買う。（か）
② 広い店の中。（みせ）
③ 友だちが来る。（く）
④ 大声で歌う。（うた）
⑤ 里いもをゆでる。（さと）
⑥ お寺のおしょうさん。（てら）
⑦ 東京へむかう。（とうきょう）

2 □に漢字を書きましょう。

① 広い野《の》原《はら》。
② 雨と風《かぜ》が強い。
③ 雪《ゆき》がつもる。
④ おいしいお米《こめ》。
⑤ 池《いけ》の水鳥たち。
⑥ 麦《むぎ》から作ったお茶。
⑦ 草《そう》原《げん》の中。
⑧ そよ風《かぜ》がふく。
⑨ 雪《ゆき》山《やま》がきれいだ。
⑩ 米《べい》国《こく》に行く。
⑪ 電《でん》池《ち》を入れかえる。
⑫ 小《こ》麦《むぎ》をそだてる。

教科書 下89～107ページ
答え 10ページ

84ページ

ぴったり2 れんしゅう

かさこじぞう かるたであそぼう

1 漢《かん》字を読みましょう。

① 原っぱであそぶ。（はら）
② さわやかな風。（かぜ）
③ 雪がふる。（ゆき）
④ 大きなため池。（いけ）
⑤ 野原に花がさく。（のはら）
⑥ 北風がふく。（きたかぜ）
⑦ 雪山に入る。（ゆきやま）

2 □に漢字を書きましょう。

① 花を買《か》う。
② 店《みせ》のおきゃくさん。
③ 米《こめ》をたく。
④ みんなで歌《うた》う。
⑤ 道で立ち止《ど》まる。
⑥ 人里《さと》をはなれる。
⑦ 寺《てら》のこぞうさん。
⑧ 麦《むぎ》茶《ちゃ》をのむ。
⑨ 京《きょう》のみやこ。
⑩ 買《か》いものに出かける。
⑪ 大すきな歌《うた》。
⑫ 計画を中《ちゅう》止《し》する。

教科書 下89～107ページ
答え 10ページ

87ページ

ぴったり2 れんしゅう

主《しゅ》語とじゅつ語 こんなことができるようになったよ

1 漢字を読みましょう。

① 交番で道をたずねる。（こうばん）
② ひこうき雲。（ぐも）
③ 車が走る。（はし）
④ 雲の切れ間。（くも）
⑤ 新しく書き直す。（なお）
⑥ 画用紙にかく。（がようし）
⑦ 直角に線を引く。（ちょっかく）

2 □に漢字を書きましょう。

① テレビ番《ばん》組《ぐみ》がおわる。
② 雲《くも》の上。
③ 百メートル走《はし》る。
④ 文しょうを書き直《なお》す。
⑤ 大切な用《よう》がある。
⑥ じゅん番《ばん》にならぶ。
⑦ 空の雲《くも》にのりたい。
⑧ 家まで走《はし》りつづける。
⑨ 直《ちょく》線《せん》を引く。
⑩ 火の用《よう》心《じん》。
⑪ 一《いち》番《ばん》すきな人。
⑫ 雨《あま》雲《ぐも》が広がる。

教科書 下111～119ページ
答え 10ページ

89ページ

ぴったり2 れんしゅう

一年生で学んだ漢字④

1 漢字を読みましょう。

① 赤いぼうし。（あか）
② 女の人。（おんな）
③ 町にむかう。（まち）
④ しずかな村。（むら）
⑤ 右にまがる。（みぎ）
⑥ 花がさく。（はな）
⑦ 新しい車。（くるま）

2 □に漢字を書きましょう。

① 空《そら》を見上げる。
② きれいな夕《ゆう》やけ。
③ 田《た》んぼをたがやす。
④ 草《くさ》かりをする。
⑤ 左《ひだり》がわによる。
⑥ 青《あお》いワンピース。
⑦ 子《こ》どもとあそぶ。
⑧ 林《はやし》の木を切る。
⑨ 遠くに山《やま》が見える。
⑩ 森《もり》のおくふかく。
⑪ たくましい男《おとこ》。
⑫ 明るい日《ひ》がさす。

教科書 下124ページ
答え 10ページ

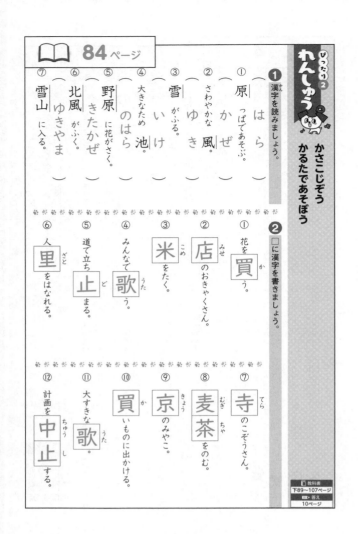

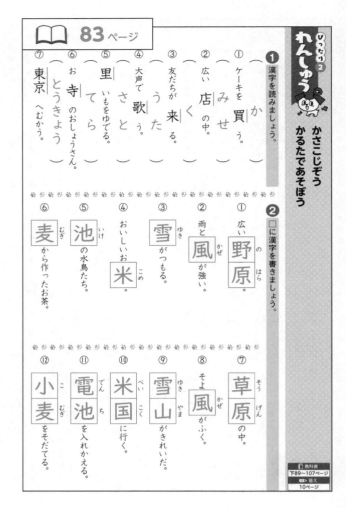

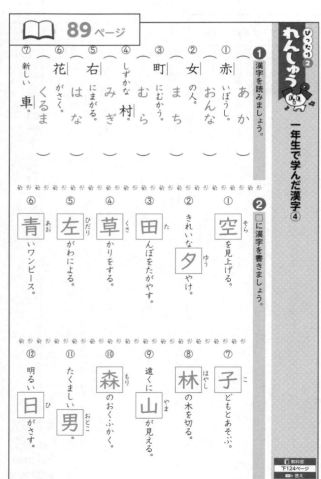

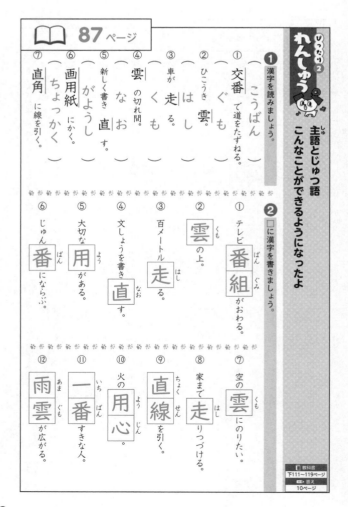

91ページ

ぴったり2 れんしゅう

音や様《よう》子をあらわす言葉《ば》
組み合わせてできている漢字
アレクサンダとぜんまいねずみ

教科書 下120～142ページ　答え 11ページ

1 漢字を読みましょう。

① 小鳥の鳴き声。（な）
② せつ明を聞く。（めい）
③ 刀をふり上げる。（かたな）
④ 午前七時におきる。（ごぜん）
⑤ 黒えんぴつ。（くろ）
⑥ おなかが鳴る。（な）
⑦ 夜が明ける。（あ）

2 □に漢字を書きましょう。

① 子犬が鳴《な》く。
② ラジオをはつ明《めい》する。
③ 長い刀《かたな》で切る。
④ 正《しょう》午《ご》すぎに出かける。
⑤ 目を白《しろ》黒《くろ》させる。
⑥ 耳《みみ》鳴《な》りがする。
⑦ 明《あか》るい光。
⑧ むかしの日本刀《とう》。
⑨ 午《ご》後《ご》三時のおやつ。
⑩ 黒《くろ》いシャツをきる。
⑪ かねが鳴《な》りやまない。
⑫ 木刀《とう》でれんしゅうする。

92ページ

春のチャレンジテスト

時間 30分　／100　ごうかく 80点

教科書 下75～142ページ　こたえ 11ページ

1 ——線の漢字《かん》の読みがなを書きましょう。　一つ2点（26点）

① お寺（てら）からおぼうさんが来（く）る。
② 午後（ごご）から雨雲（あまぐも）が出てくる。
③ 風（かぜ）にのって歌声（うたごえ）が聞こえる。
④ とけいを直（なお）す。
※「直す」とは、しゅうりをすることです。
⑤ 小麦（こむぎ）からパンを作る。
⑥ 一番（いちばん）になる。
⑦ とちゅうで止（と）める。
⑧ 明（あか）るい光がさす。
⑨ 鳥の鳴（な）き声。
⑩ 買（か）いものをする。

2 つぎの漢字を組み合わせると、どんな漢字ができますか。□に書きましょう。　一つ2点（14点）

① 日＋寺＝時
② 日＋青＝晴
③ 王＋里＝理
④ 竹＋合＝答
⑤ 止＋少＝歩
⑥ 言＋五＋口＝語
⑦ 立＋木＋見＝親

※たいようにかんけいがあるので、「日」がつきます。

93ページ

3 一つの言葉《ば》になるように、上と下を——線でむすびましょう。　一つ3点（30点）

①
Ⓐ雲　Ⓘ麦　Ⓤ当　Ⓔ直　Ⓞ北

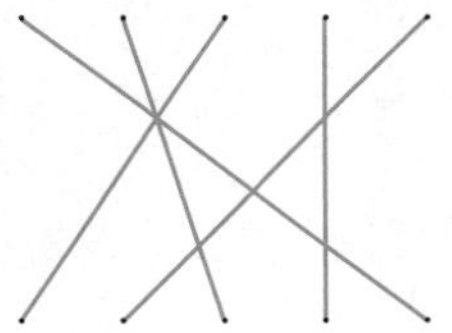

風　茶　線　海　番

②
Ⓐ校　Ⓘ来　Ⓤ中　Ⓔ電　Ⓞ午

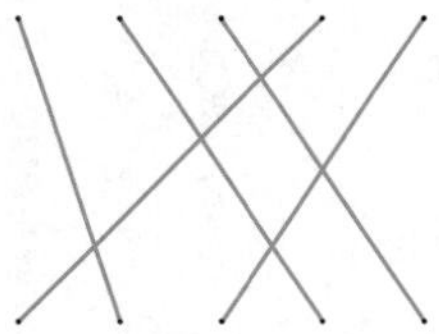

止　池　歌　後　週

※漢字を組み合わせた言葉を「じゅくご」といいます。

4 つぎの□に、漢字を書きましょう。　一つ3点（30点）

① 東《とう》京《きょう》にある店《みせ》。
② 野《の》原《はら》に雪《ゆき》がふる。
③ 画《が》用《よう》紙《し》を黒《くろ》くぬる。
※「黒」は下の点のむきにちゅういしましょう。
④ 学校まで走《はし》る。
⑤ 米《こめ》をとぐ。
⑥ 古い日《に》本《ほん》刀《とう》。
⑦ 村《むら》里《ざと》にすむ人。

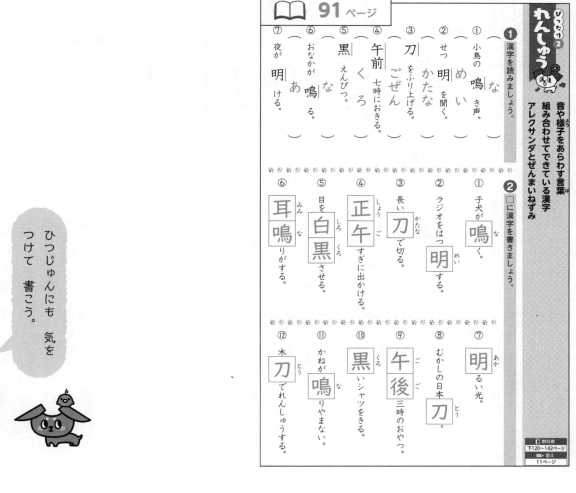

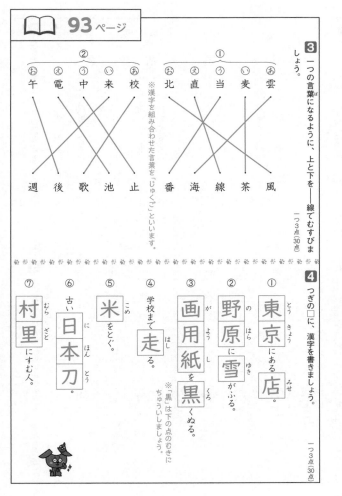

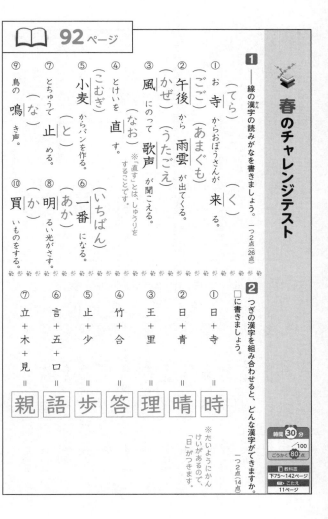

2年 漢字のまとめ

学力しんだんテスト①

名前　　月　日

時間 30分

ごうかく80点　／100

答え 12ページ

1 ――線の漢字《かん》の読みがなを書きましょう。

一つ1点(20点)

① どこに 行（い）きたいかを 聞（き）く。

② 星（ほし）が きらきらと 光（ひか）る。

③ 犬が 野原（のはら）をどこまでも 走（はし）る。

※「原」には「ゲン」という読み方もあります。

④ 広（ひろ）くて青い 海（うみ）をヨットですすむ。

⑤ 冬（ふゆ）とくらべると 春（はる）のほうがすきだ。

⑥ いつもとはちがう 道（みち）を通って 帰（かえ）る。

⑦ かいた 図（ず）に、ていねいに 色（いろ）をぬる。

⑧ 学校の 外（そと）できれいな 羽（はね）をひろった。

⑨ 食（た）べられるきのこはとても 多（おお）い。

⑩ 思（おも）っていることを 声（こえ）に出す。

2 つぎの□に、漢字を書きましょう。

一つ1点(20点)

① スーパーで 肉《にく》とやさいを 買《か》った。

② 自分《じぶん》のいけんを 言《い》う。

③ 風《かぜ》がふいて 戸《と》をゆらす。

④ 岩《いわ》かげから 鳥《とり》がとびたつ。

⑤ 会社《かいしゃ》まで 歩《ある》くのはたいへんだ。

⑥ 学校の 南《みなみ》にある 工場《こうじょう》。

⑦ そのお 寺《てら》には大きな 池《いけ》がある。

※それぞれ「時」「地」など、にている漢字に気をつけましょう。

⑧ 兄《あに》が 昼《ひる》ごはんを作ってくれた。

⑨ 友《とも》だちはせが 高《たか》い。

⑩ まつ 間《あいだ》、作せんを 考《かんが》える。

➡うらにももんだいがあります。

3 つぎの漢字《かん》の二通りの読み方を書きましょう。

一つ1点(8点)

① 黒
- ㋐ 黒板《ばん》に書く。（こく）
- ㋑ 黒いふく。（くろ）

② 前
- ㋐ 前を走る車。（まえ）
- ㋑ 前方を見る。（ぜん）

③ 頭
- ㋐ 頭がいい。（あたま）
- ㋑ 先頭に立つ。（とう）

④ 何
- ㋐ 何時ですか。（なん）
- ㋑ 何か用ですか。（なに）

4 漢字の赤いぶぶんは、何画《かく》目に書きますか。□に数字を漢字で書きましょう。

一つ2点(22点)

① 近　四 画目

※「辶」は三画で書きます。

② 麦　二 画目

③ 弱　四 画目

④ 強　四 画目

⑤ 市　四 画目

⑥ 里　六 画目

⑦ 来　四 画目

⑧ 紙　九 画目

⑨ 弟　五 画目

⑩ 母　三 画目

⑪ 回　六 画目

5 上の言葉《ば》とはんたいのいみの言葉を、漢字をつかって書きましょう。

一つ2点(16点)

① くらい ― 明るい

② 近い ― 遠い

③ 新しい ― 古い

④ たくさん ― 少し

⑤ みじかい ― 長い

⑥ 小さい ― 大きい

⑦ 細い ― 太い

⑧ くるしい ― 楽しい

※はんたいのいみの言葉は、セットでおぼえましょう。

6 ――線の読み方が、一つだけほかとちがっています。それに○をつけましょう。

一つ2点(14点)

① 馬
- ㋐（ ）馬車
- ㋑（○）馬のり
- ㋒（ ）木馬
- ㋓（ ）けい馬

② 後
- ㋐（ ）後日
- ㋑（ ）午後
- ㋒（ ）前後
- ㋓（○）後ろ

③ 夜
- ㋐（ ）夜中
- ㋑（ ）夜ふかし
- ㋒（ ）夜つゆ
- ㋓（○）夜おそく

④ 紙
- ㋐（○）紙切れ
- ㋑（ ）半紙
- ㋒（ ）用紙
- ㋓（ ）新聞紙

⑤ 親
- ㋐（○）親切
- ㋑（ ）親子
- ㋒（ ）父親
- ㋓（ ）親心

⑥ 魚
- ㋐（ ）金魚
- ㋑（○）魚つり
- ㋒（ ）木魚
- ㋓（ ）人魚

⑦ 話
- ㋐（ ）電話
- ㋑（ ）話だい
- ㋒（ ）どう話
- ㋓（○）むかし話

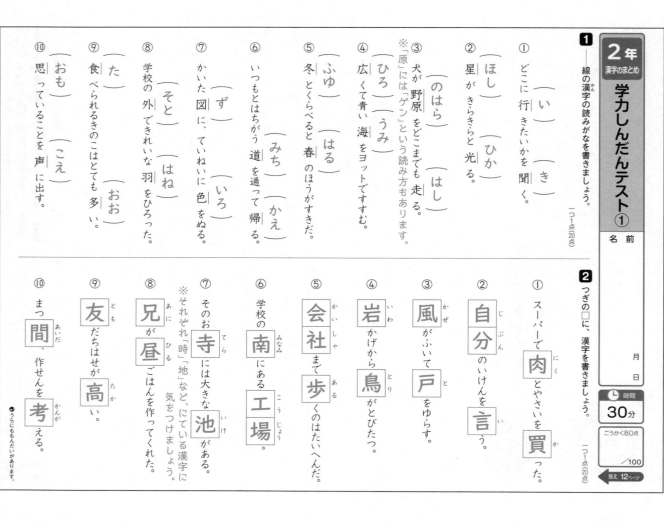

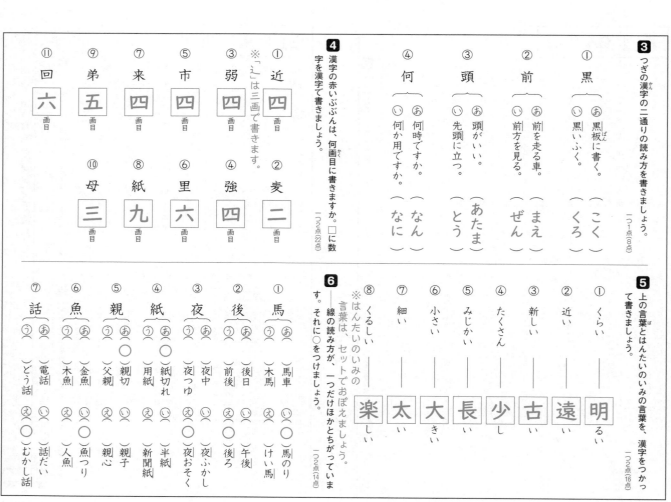

2年 漢字のまとめ

学力しんだんテスト②

名前

月　日

時間 **30分**

ごうかく80点

／100

答え13ページ

1 ——線の漢字の読みがなを書きましょう。

一つ1点(20点)

① 朝顔（あさがお）がたくさんさいている（こうえん）公園。

② 交番（こうばん）はそのえきの（きた）北がわにある。

③ 父（ちち）の手がいっしゅん（と）止まった。

④ 魚を売（う）っているお店（みせ）。

⑤ 本を読（よ）んで、かんそうを書（か）く。

⑥ 体（からだ）をきたえて（つよ）強くする。

⑦ 同じような形（かたち）の（おな）石。

⑧ 東京（とうきょう）のことはあまりよく知（し）らない。

⑨ 秋（あき）になると、おいしいお米（こめ）がとどく。

⑩ テストでまん（てん）点をとって、元気（げんき）が出る。

---

2 つぎの□に、漢字を書きましょう。

一つ1点(20点)

① **丸**（まる）くて、りっぱな**里**（さと）いも。
※「円い」とのいみのちがいにちゅういしましょう。

② **西**（にし）の**方角**（ほうがく）を見る。

③ おばの**家**（いえ）でしばらく**生活**（せいかつ）する。

④ **姉**（あね）がとくいなのは**計算**（けいさん）だ。

⑤ **新**（あたら）しい**校長先生**（こうちょうせんせい）。

⑥ **汽車**（きしゃ）が出てくるどう**画**（が）を見る。

⑦ かみの**毛**（け）をすこしだけ**切**（き）る。

⑧ **麦**（むぎ）わらぼうしに**細**（ほそ）いひもをつける。
※「細」は、おくりがながが「かい」のときは「こまかい」と読みます。

⑨ **外**（そと）では**弱**（よわ）い雨がふっている。

⑩ **小刀**（こがたな）をつかって木の**船**（ふね）をつくる。

●うらにもんだいがあります。

---

3 つぎの□に、上のぶぶんをもつ漢字を書きましょう。

一つ2点(24点)

① 辶　（あ）**近**（ちか）い　（い）**通**（とお）す

② 攵　（あ）**数**（かず）　（い）**教**（おし）える

③ 糸　（あ）**組**（くみ）　（い）**絵**（え）

④ 雨　（あ）**雲**（くも）　（い）**雪**（ゆき）

⑤ 人　（あ）**会話**（かいわ）　（い）**合体**（がったい）

⑥ 日　（あ）**曜日**（ようび）　（い）**晴**（は）れる

---

4 一つの言葉になるように、上と下を——線でむすびましょう。

一つ1点(10点)

※同じぶぶんをもつ漢字は、にたいみをもちます。たとえば、「雲」は天気にかんけいする漢字につきます。

①
（あ）図 ―― 場
（い）電 ―― 風
（う）当 ―― 工
（え）北 ―― 気
（お）広 ―― 番

②
（あ）半 ―― 記
（い）音 ―― 地
（う）日 ―― 分
（え）土 ―― 後
（お）午 ―― 楽

---

5 つぎの漢字をくみ合わせると、どんな漢字ができますか。□に書きましょう。

一つ2点(14点)

① 山＋石＝**岩**

② 日＋月＝**明**

③ 門＋日＝**間**

④ 言＋売＝**読**

⑤ 口＋鳥＝**鳴**

⑥ 糸＋白＋水＝**線**

⑦ 言＋千＋口＝**話**

---

6 形をまちがえてつかっている漢字に×をつけ、□に正しい漢字を書きましょう。

一つ2点(12点)

※つき出すところや点などにも気をつけて書きましょう。

① （れい）来週中に門ができる。 □**今**

② 紙に黄色のえのぐをぬった。 □**黄**

③ 妹が母のお茶をこぼした。 □**茶**

④ 夜道を用心して歩く。 □**用**

⑤ 外国から帰ってきた兄。 □**国**

⑥ 牛にゅうを毎日のむ少年。 □**毎**

⑦ 来年の夏は弟と海へ行こう。 □**夏**

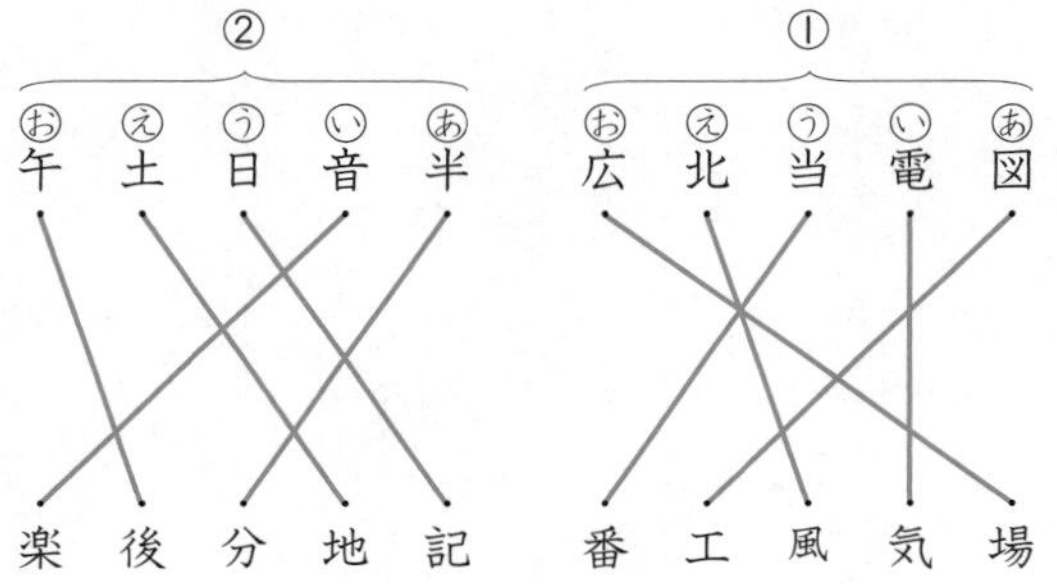

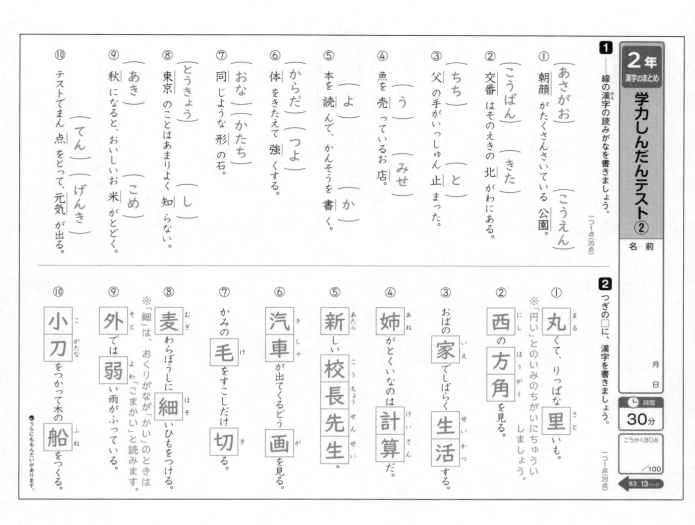

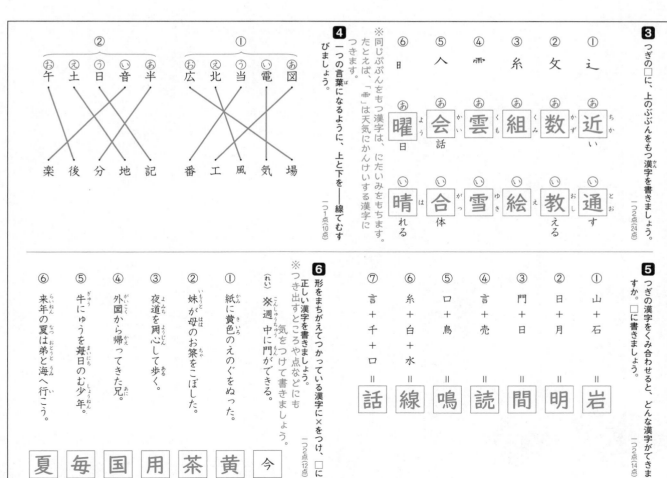

漢《かん》字クイズ

1 ①月 ②水 ③金

2 公

3 春

4 ①数 ②聞 ③絵 ④前 ⑤形 ⑥黄

5 ①大 犬 ②太 大 犬

6 ①長 ②図

7 ①間 ②時 ③知

8 聞

9 ①虫 ②草 ③回 ④引 ⑤海 ⑥丸

10 ①光 ②才

11 ①歌 ②原 ③米 ④京 ⑤船 ⑥店

12 歩

13 ①池 ②紙

メモ

③ □《あめ》が ふる。

④ お□《かね》を ためる。

テストによくでる 2位《い》

⑤ きれいな □《はな》。

⑥ □《きゅう》さいに なる。

⑦ □《がっ》校に いく。

⑧ □□□《いちえんだま》

⑨ □《きん》いろの コイン。

⑩ □《した》を むく。

テストによくでる 3位《い》

⑪ □《みぎ》を むく。

⑫ □《ひ》を つける。

⑬ □《き》もちが わかる。

⑭ □《かい》がらを ひろう。

---

⑤ ここのつ かぞえる。〔　　　〕

⑥ ここのつめの たね。〔　　　〕

⑦ からだを やすめる。〔　　　〕

⑧ ひとつだけ とる。〔　　　〕

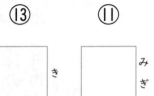

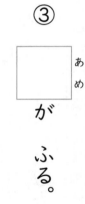

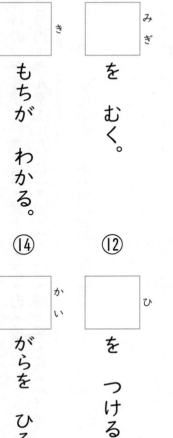

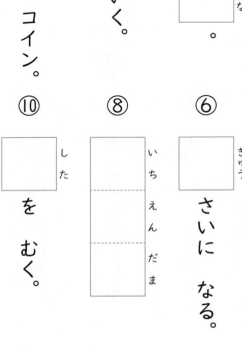

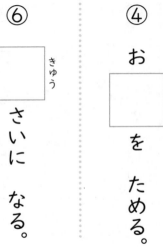

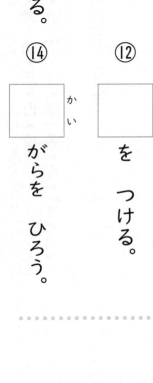

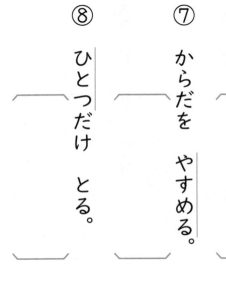

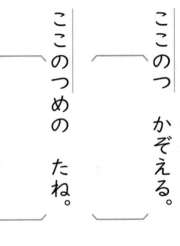

テストに よくでる 1位《い》

2

か行の かん字② 空・月・犬・見・五・口・校

さ行の かん字① 左・三・山・子・四・糸・字・耳・七

／100

1 ——せんの かん字の よみがなを かこう。

一つ4てん（32てん）

① 学校（　　）に かよう。

② 犬（　　）を かう。

③ 空（　　）に うかぶ。

④ 山（　　）に のぼる。

⑤ まん月（　　）が きれいだ。

⑥ 小さな 子（　　）ども。

⑦ 左（　　）を 見る。

⑧ 耳（　　）を うたがう。

2 □に あう かん字を かこう。

一つ2てん（28てん）

① □《そら》を とびたい。

② □《いと》と はり。

3 つぎの——せんを、かん字と ひらがなで かこう。

一つ5てん（40てん）

① いつつ（　　）の かぎ。

② じっと みる（　　）。

③ げんきに みえる（　　）。

④ すがたを みせる（　　）。

テストによくでる2位《い》

③ □《つき》が　でる。

④ むずかしい　かん□《じ》。

⑤ □《いぬ》の　さんぽ。

⑥ テレビを　□《み》る。

⑦ どうろの　□《ひだり》がわ。

⑧ □《いつ》つの　おかし。

⑨ □《よん》まいの　え。

⑩ □《くち》を　あける。

テストによくでる3位《い》

⑪ □《こ》どもの　日《ひ》。

⑫ □《しち》□《がつ》に　なる。

⑬ □《やま》道《みち》を　あるく。

⑭ □《さん》かい　とびあがる。

⑤ みっつ　かぞえる。〔　　〕

⑥ みっつの　いし。〔　　〕

⑦ よっつの　やくそく。〔　　〕

⑧ ななつの　子。〔　　〕

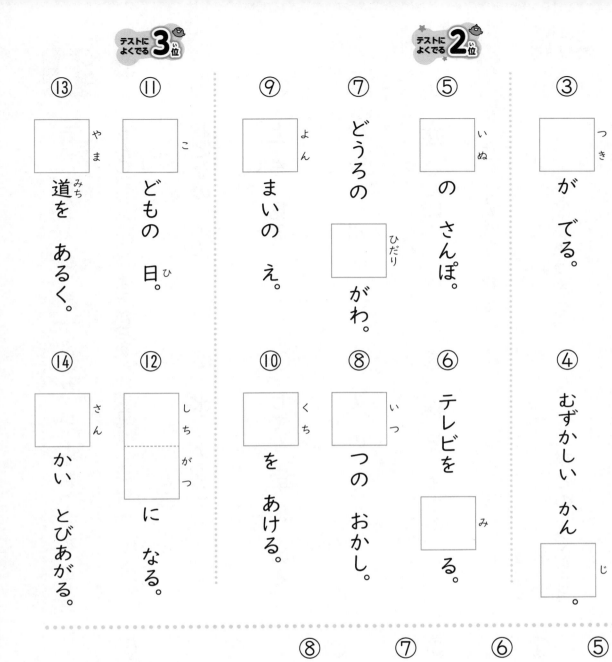

テストに よくでる 1位《い》

3 さ行の かん字② 車・手・十・出・女・小・上・森・人・水・正・生・青・夕・石・赤

／100

1 ――せんの かん字の よみがなを かこう。 一つ4てん(32てん)

① おとなの 手。（　　）

② 水ようび（　　）

③ 上を 見る。（　　）

④ じてん車に のる。（　　）

⑤ 小さい 川《かわ》。（　　）

⑥ 人の こえ。（　　）

⑦ 赤とんぼ（　　）

⑧ 森を まもる。（　　）

2 □に あう かん字を かこう。 一つ2てん(28てん)

① □《じゅう》にん あつまる。

② □《ひと》びとの くらし。

3 つぎの――せんを、かん字と ひらがなで かこう。 一つ5てん(40てん)

① へやから でる。［　　］

② はこから だす。［　　］

③ ちいさい こえ。［　　］

④ 手を あげる。［　　］

③ つくえの □《うえ》。

④ すんだ □《あお》 ぞら。

テストによくでる 2位《い》

⑤ □《て》を あわせる。

⑥ □《じっ》 かい よむ。

⑦ □《くるま》を うんてんする。

⑧ □《おんな》の子が わらう。

⑨ 一くみの □《せい》と。

⑩ 大きな □《もり》。

テストによくでる 3位《い》

⑪ □《いし》を ひろう。

⑫ □《みず》が つめたい。

⑬ □《ゆう》やけが きれいだ。

⑭ □《すい》えいを おこなう。

⑤ ただしい しせい。

⑥ 子どもが うまれる。

⑦ あおい 目の 女の子。

⑧ あかい ぼうし。

4 さ行の　かん字③　千・川・先・早・草・足・村
た行の　かん字　大・男・竹・中・虫・町・天・田・土

／100

1 ――せんの　かん字の　よみがなを　かこう。

一つ4てん(32てん)

① （　　）男の子。

② （　　）中に　はいる。

③ （　　）川が　見える。

④ しめった　（　　）土。

⑤ （　　）千円　しはらう。

⑥ （　　）足音が　きこえる。

⑦ （　　）町の　おまつり。

⑧ （　　）大ごえを　だす。

2 □に　あう　かん字を　かこう。

テストに　よくでる　1位《い》

一つ2てん(28てん)

① □□《せんせい》と　はなす。

② □《むし》めがねで　見る。

3 つぎの――せんを、かん字と　ひらがなで　かこう。

一つ5てん(40てん)

① おおきい　手。（　　）

② はやめに　かえる。（　　）

③ まだ　はやい　じかんだ。（　　）

④ おおいに　よろこぶ。（　　）

テストに よくでる 2位《い》

③ □《まち》たんけんを　する。

④ □《あし》が　つかれる。

⑤ □《くさ》むしりを　する。

⑥ □《むら》の　いいつたえ。

⑦ □《なか》を　のぞきこむ。

⑧ □《おとこ》の　人。

⑨ □《かわ》ぞこの　石。

⑩ □《たけ》とんぼで　あそぶ。

テストに よくでる 3位《い》

⑪ □《せん》ねんも　むかし。

⑫ □《てん》□《き》が　いい。

⑬ □《た》んぼの　かかし。

⑭ □《ど》よう日に　なる。

⑤ おおきな　きりかぶ。〔　　〕

⑥ よていが　はやまる。〔　　〕

⑦ 足を　はやめる。〔　　〕

⑧ おおきさを　はかる。〔　　〕

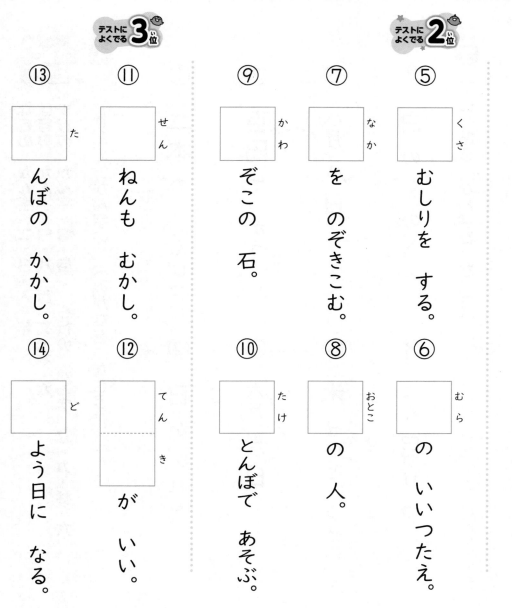

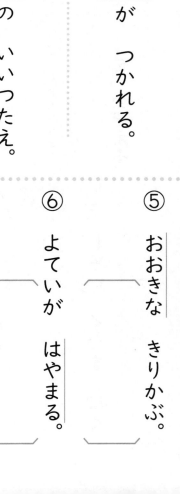

テストによくでる1位《い》

5

な行の かん字　二・日・入・年
は行の かん字　白・八・百・文・木・本
ま行の かん字　名・目　ら行の かん字　立・力・林・六

／100

1 ——せんの かん字の よみがなを かこう。　一つ4てん(32てん)

① 二本の えんぴつ。（　　）

② 日が くれる。（　　）

③ 百円で かう。（　　）

④ 六月 六日（　　）

⑤ 八月 八日（　　）

⑥ 木せいと 土せい。（　　）

⑦ 白の えのぐ。（　　）

⑧ よく 目立つ。（　　）

2 □に あう かん字を かこう。　一つ2てん(28てん)

① □□《いちにち》の おわり。

② □□《ねんげつ》を かぞえる。

3 つぎの——せんを、かん字と ひらがなで かこう。　一つ5てん(40てん)

① 水を いれる。（　　）

② へやに はいる。（　　）

③ とても 気に いる。（　　）

④ しろい くつを はく。（　　）

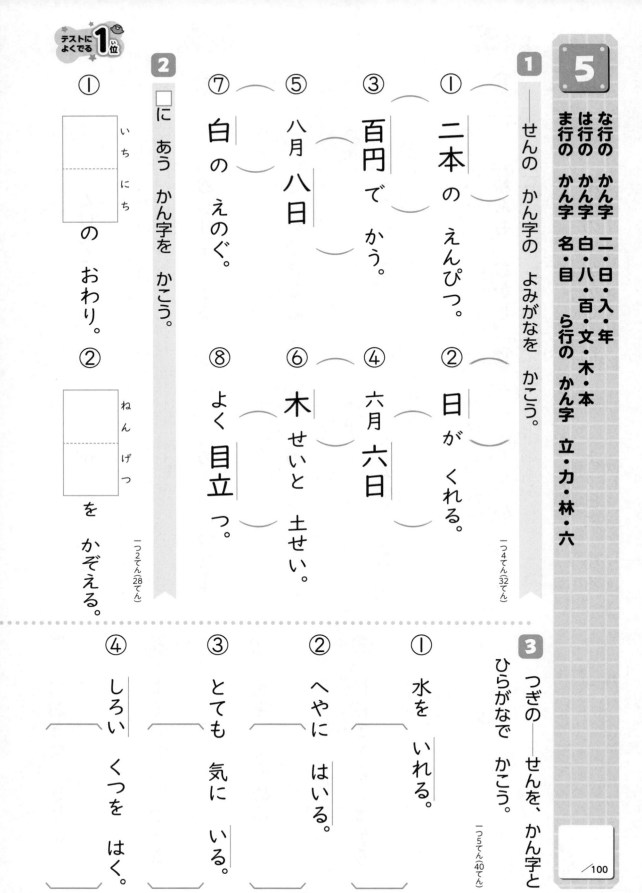

テストによくでる2位《い》

③ □《ろく》まいの プリント。

④ □《もく》ようの できごと。

⑤ あかるい お□《ひ》さま。

⑥ □《め》ぐすりを さす。

⑦ □《ご》□《ねん》が すぎる。

⑧ □《しろ》ぐみが かつ。

⑨ □《ぶん》しょうを よむ。

⑩ □《はち》この あめ。

テストによくでる3位《い》

⑪ □《な》まえを かく。

⑫ □《き》に のぼる。

⑬ □《ちから》もちの 男。

⑭ □《はやし》の 中の いえ。

⑤ しっかり たつ。〔　　〕

⑥ むっつ かぞえる。〔　　〕

⑦ ふたつの もくひょう。〔　　〕

⑧ やっつ もって いる。〔　　〕

6 一年生で ならった かん字

／100

1 ——せんの かん字の よみがなを かこう。 一つ2てん(16てん)

① じどう車に のる。

② 貝がらを 見つける。

③ いい天気が つづく。

④ 家《いえ》の 中を のぞく。

⑤ お金を ためる。

⑥ 耳が いたい。

⑦ つり糸を むすぶ。

⑧ きれいな 青空。

2 □に あう かん字を かこう。 一つ3てん(24てん)

① いろいろな □《おと》。

② □《こ》□《いぬ》が うまれる。

4 つぎの——せんを、かん字と ひらがなで かこう。 一つ4てん(40てん)

① やすみを とる。

② こたえが ただしい。

③ ひとつだけ たべる。

④ はやめに じゅんびする。

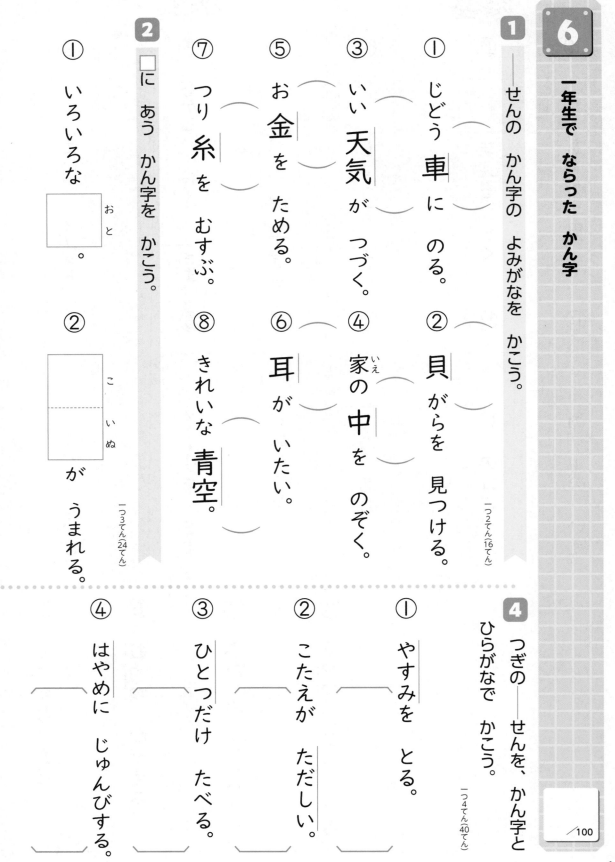

③ □《みぎ》を　みる。

④ □□《ひだり　て》で　なげる。

⑤ □《あか》い　色《いろ》えんぴつ。

⑥ □□《せん　えん》で　売る。

⑦ □《さき》に　でる。

⑧ □《もり》で　あそぶ。

3 つぎの　かたちや　しるしから　できた　かん字を　かこう。

一つ5てん(20てん)

①
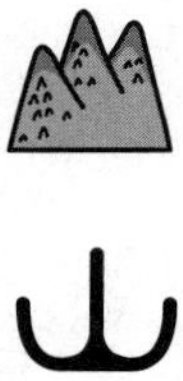
□

②

□

③

□

④
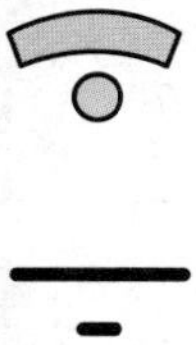
□

⑤ おおきな　まど。 （　　）

⑥ にもつを　あげる。 （　　）

⑦ 家に　はいる。 （　　）

⑧ 家から　でる。 （　　）

⑨ ちいさい　子ども。 （　　）

⑩ しろい　すなはま。 （　　）

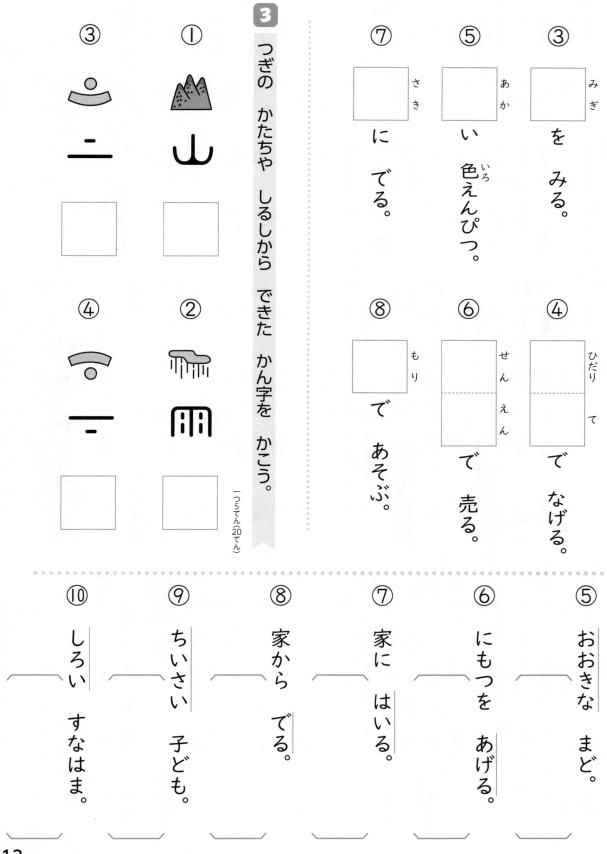

こたえ

1 2・3ページ

1
①おと ②した ③か ④はな ⑤たま ⑥ひと ⑦えん ⑧き

2
①一 ②王 ③雨 ④金 ⑤花 ⑥九 ⑦学 ⑧一円玉 ⑨金 ⑩下 ⑪右 ⑫火 ⑬気 ⑭貝

3
①一つ ②一つ ③休んで ④休み ⑤九つ ⑥九つ ⑦休める ⑧一つ

2 4・5ページ

1
①がっこう ②いぬ ③そら ④やま ⑤げつ ⑥こ ⑦ひだり ⑧みみ

2
①空 ②糸 ③月 ④字 ⑤犬 ⑥見 ⑦左 ⑧五 ⑨四 ⑩口 ⑪子 ⑫七月 ⑬山 ⑭三

3
①五つ ②見る ③見える ④見せる ⑤三つ ⑥三つ ⑦四つ ⑧七つ

3 6・7ページ

1
①て ②すい ③うえ ④しゃ ⑤ちい ⑥ひと ⑦あか ⑧もり

2
①十 ②人 ③上 ④青 ⑤手 ⑥十 ⑦車 ⑧女 ⑨生 ⑩森 ⑪石 ⑫水 ⑬夕 ⑭水

3
①出る ②出す ③小さい ④上げる ⑤正しい ⑥生まれる ⑦青い ⑧赤い

4 8・9ページ

1
①おとこ ②なか ③かわ ④つち ⑤せんえん ⑥あしおと ⑦まち ⑧おお

2
①先生 ②虫 ③町 ④足 ⑤草 ⑥村 ⑦中 ⑧男 ⑨川 ⑩竹 ⑪千 ⑫天気 ⑬田 ⑭土

3
①大きい ②早め ③早い ④大いに ⑤大きな ⑥早まる ⑦早める ⑧大きさ

5 10・11ページ

1
①にほん ②ひ ③ひゃくえん ④むいか ⑤ようか ⑥もく ⑦しろ ⑧めだ

2
①一日 ②年月 ③六 ④木 ⑤日 ⑥目 ⑦五年 ⑧白 ⑨文 ⑩八 ⑪名 ⑫木 ⑬力 ⑭林

3
①入れる ②入る ③入る ④白い ⑤立つ ⑥六つ ⑦二つ ⑧八つ

6 12・13ページ

1
①しゃ ②かい ③てんき ④なか ⑤かね ⑥みみ ⑦いと ⑧あおぞら

2
①音 ②子犬 ③右 ④左手 ⑤赤 ⑥千円 ⑦先 ⑧森

3
①山 ②雨 ③上 ④下

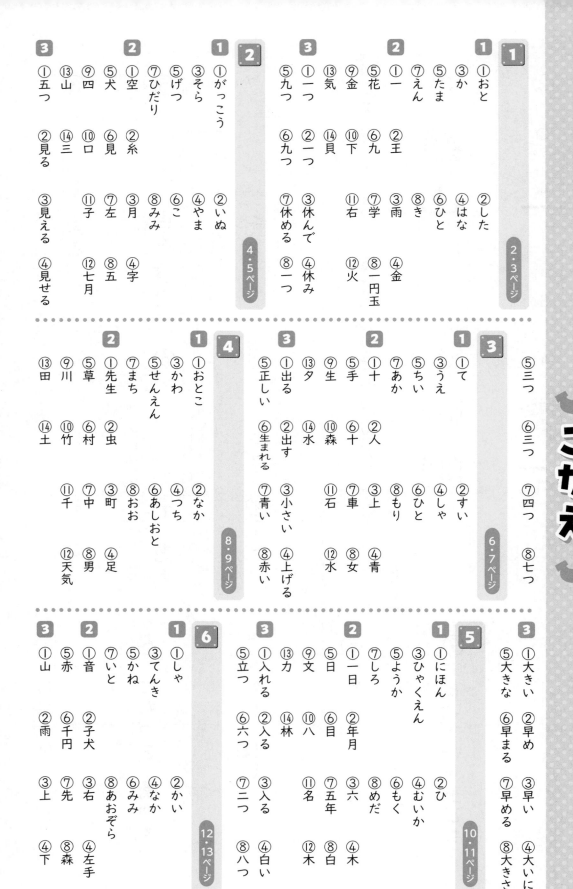

4

①休み　②正しい　③一つ　④早め
⑤大きな　⑥上げる　⑦入る　⑧出る
⑨小さい　⑩白い